JN081715

TOPIK I

한국어능력시험

ゼロからスタート
韓国語能力試験
テキスト

韓国教育財団諮問委員
イム・ジョンデ［著］

音声 & 資料ダウンロードの紹介

本書で紹介されている例文などをネイティブスピーカーが読み上げた音声、および PDF 資料を、以下のサイトから無料でダウンロードいただけます。

URL https://www.shuwasystem.co.jp/support/7980html/6584.html

音声のファイル名は本文記載のトラック名と対応しています。
本書は赤シートに対応しています。
日本語訳などを隠して、理解度の確認にご利用下さい。
* 本書に赤シートは付属していません。

目　次

ま　え　が　き

　韓国語能力試験 TOPIK の教材は、今までは、本物さながらの練習問題を解きながら力をつけていくのが主流でした。TOPIK を受験するには、ある程度の基礎知識が必要となりますが、そのことについて、きちんと教えてくれるような本はありませんでした。そのため、初級者が何の準備もなく、いきなり受験をして、「何が何だか分からなかった」とか「まったく歯が立たなかった」という状況に陥ったという話をよく聞きます。

　現状では、TOPIK 受験者を考えているみなさんは、韓国語教室などに通ったり、あるいは大学の授業を通して、または自分で市販のテキストを購入したり、独自の方法で準備しなければなりません。

　実は、TOPIK には、それぞれのレベルに合わせて、目安となる学習時間が定められています。詳細は、韓国教育財団のホームページ（https://www.kref.or.jp）に載っているので、そちらを参考にしていただければと思いますが、これを大学の授業時間に照らして、大まかに分かりやすく説明をすると、週１回の授業を２年間受講すると、TOPIK Ⅰ卒業レベルに到達する、と考えていただいてよいと思います。

　現在の試験体制になるまでは、TOPIK は、1級から6級にランク分けされていました。その中の1級、2級が TOPIK Ⅰ に、3級から6級が TOPIK Ⅱ に統合されました。

　ですから、目安としては、一番下の1級から一番上の6級を取得するまでに、大体6年かかるということになります。誤解しないで下さい。これは学習時間の量のことを言っているのです。自分で頑張って、学習時間の量を増やせば、もちろん、その期間は、短縮されます。

　現に、私が指導していた学生の中で、まったくの初心者が、大学に入って韓国語を初めて習い、1年半くらいの期間で、TOPIK3 級を取得する人が、何人もいました。2年で5級に到達した人も、数人います。つまりは、学習の量を増やせば、その期間は、短縮できるのです。

　しかし、それは、韓国の大学への編入を考えていたり、韓国語の勉強に夢中になっている一部の熱心な学生たちの話であって、みんながみんなそうなれるかというと、そう簡単な話ではありません。

　無理に学習時間を短縮して無理やり詰め込むような勉強のやり方は、私は、あ

まり賛成できません。先ほど言ったようなモチベーションの高い学習者なら別ですが、丁寧に時間をかけて、楽しみながら、こつこつやっていくのが、ベストだと、私は思います。なぜかというと、これは言語の勉強だからです。

　みなさんのご自身の母国語のことを思い浮かべてみて下さい。そんなに一気に、話せるようになれたでしょうか？　子供の時に、大人の言うことを、すべて理解出来たでしょうか？　それは、必ずしも、子供だったからではありません。語彙力が足りず、理解力も伴わなかったからです。

　外国語を学修する時も、似たような現象が起きます。聞き取れる量、聞き取っても、内容が理解出来る量、さらに、理解出来て、相手に言葉で返せる量、というものは、時間とほぼ完ぺきに比例します。日本に来る留学生が、日本語がしっかり聞き取れるまで、（聞き取るだけですよ）大体２年はかかる現実を見ても、今の話は、頷けます。もちろん、中には、母国でしっかり勉強をし、来るや否や、ぺらぺらしゃべる人もいますが、それは、むしろ一部の例外だと思います。

　人前で話をしたりするのは、前もって、原稿を用意すればいいので、比較的早く、そのレベルに達します。しかし、今、言ったように、聞き取り、理解するのは、ほぼ100％勉強にかけた時間と比例します。TOPIK Ⅰレベルのものを聞いて、理解するためには、どうしても、やはり２年はかかると見なければいけないのです。

　それを、TOPIK直前対策や練習問題などの対策本を買い、少し解いただけで、受かると思うのは、少し安易すぎます。試験場に入って、最初の問題を聞いた途端、難しく感じるのは当然です。何を問われているのか、何の話が流れているのか、まったく分からず、困惑し、結局わけが分からない、と、慌てたまま終わってしまうと思います。実際、そういう感想を寄せてくる方が、たびたびいます。

　「とりあえず受けてみる」、その考え方に、私は、賛成出来ません。TOPIKは、それなりの積み重ねがないと難しく、じっくりと腰をすえて、着々と、準備を重ねている人に、報いてくれる試験だからです。

　というより、何のためにTOPIKを受けようとしているのかを考えなければなりません。焦る必要がどこにあるのでしょうか？　せっかく始めたのですから、末永く、ライフワークとして、楽しみながら、その中で、期せずして６級が取れたらこれ幸い、という気の持ち方が、私は、最高だと思います。もちろん、韓国の大学に入りたいとか、３年次編入をしたいとか、考えているのだったら、話は完全に別です。

ついでに、言っておきますが、もし、そういうことを考えている方がいらしたら、アドバイスします。ソウルの大学にこだわる必要は、まったくありません。物価も高く、勉強についていくのも大変で、仮に、ソウルの大学を出たからと言って、日本の企業への高評価に直結するかと言ったら、答えは、否です。韓国に渡り、大学を卒業したという事実だけで、充分、評価されるからです。私は、自分の指導する学生を、本人が望まない限り、ソウルに送ったことは、ありません。その意味がないからです。むしろ、ソウルから近い、地方大学に籍を置き、ソウルに遊びに行きたければいつでも行き、後は、ゆっくりのんびりしながら、むしろ、韓国社会全般について、しっかり理解と経験を積む方が、よほど得策なのです。

　本書は、今まで、TOPIKを受ける方々、個々人に任せられていた学修を一本化し、一つの方向で、やりとげられるよう、作られました。

　この本は、初めて受ける方たちにとって、最初の本となります。または、何度か受験したけど、難しすぎて歯が立たなかったという方にも、最適です。

　以下に、合格に至るまでの最短のモデルを作ってみました。みなさまの学習計画の参考にしてみてください。

TOPIK 完全制覇6ヶ月コース！

日程			予定	学習すること	
11月	2月	5月		①テキスト	ゼロから基礎固めをしっかりと！
12月	3月	6月		②必須単語6200	必要な単語はすべてインプット！
1月	4月	7月	試験申込開始	③総合対策	本番さながらの問題を解きながら実力アップ！
2月	5月	8月			
3月	6月	9月		④一問一答	試験直前のチェックをします！
4月	7月	11月	試験日		

①本書

韓国語学習のはじめの一歩です。

まずは、発音、初歩的な文法、語法について学びます。

これをやる時に重要なのは、暗記ではありません。理解です。まず、しっかり理解し、それから、覚えて下さい。

それから、TOPIK に使われる問題文への理解を助けるために、韓国の文化や社会、考え方について、コラム形式でまとめました。ぜひ楽しみながら、読んでみてください。

この本にたくさんの時間をかけてもよいですが、6ヶ月以上、長く時間をかけすぎると、あまり効果的でなくなります。

②『韓国語能力試験 TOPIK I II 必須単語 6200』（イム・ジョンデ著　秀和システム刊）

聞き取り、読解、どちらにとっても、単語は重要です。常に手元において、暇さえあれば、読んで下さい。どこからでもいいです。

効率的な覚え方は特にありません。ただ、ノルマを課したりすると、効果的です。音声がついていて、ページごとのトラック No になっているので、数ページごとに区切り、まずは、文字で覚え、それから、音声を聞く、これを繰り返すと効果的だと思います。

本書と併用して、使って下さい。2冊を持って、交互にやったりすると、効果的です。

単語には、基本的には、やさしいとか難しいとか、レベルはないと思っています。みなさんは、大人だからです。ですから、どこからでもいいです。飽きないやり方で、やり続けて下さい。もちろん、Ｉや II の使用語彙に難易度はありますが、単語を覚える時に、区分けをしながら覚える必要は、まったくありません。どの単語も、いずれ覚えなければならないからです。

たとえば、じっくりやりたい場合、1日30個覚えていくと、大体6カ月かかります。これを目安に、ご自分でペースを決めて下さい。6カ月かけて、最後まで行ったら、잘하셨어요チャラショソヨ（グッジョブ）です。2回目になると、半分の時間で、3回目以降は、さらに短くなります。3回繰り返し覚えることが出来たら、聞こえてくる量が、飛躍的に増えると思います。

単語を覚える時は、書くことです。これが、一番効果的です。書く時に、頭の中で文字のシルエットが刻まれ、読み、耳で聞くからです。

　　覚えていない単語は、絶対、聞こえません。

③『韓国語能力試験 TOPIK I 総合対策 第 2 版』（イム・ジョンデ著　秀和システム刊）

　　ここまできたら、本番さながらの問題を解きながら、力をつけていきます。難しい試験ということがわかってくると思います。

　　合っているならなぜなのか、間違っているならなぜなのか、自分で、必ず納得して下さい。

④『ステップアップ式 韓国語能力試験 TOPIK I 一問一答』（イム・ジョンデ著　秀和システム刊）

これは、総合対策の後、最後のチェックとして使います。

　　一問一答なので、合っているかどうか、すぐに確認が可能で、スピーディに、前へ進めていくことが出来ます。

　　この本は、確認のために使います。間違っている箇所だけをまとめて、もう 1 回、その理由を探ります。そこで、納得出来たら、オーケーです。

　　みなさまの健闘を祈ります！　頑張って下さい！

2021 年 9 月

韓国教育財団諮問委員

イム・ジョンデ（林大仁）

第 1 章
韓国語能力試験 TOPIK について

この章では、韓国語能力試験の概要や目的、趣旨、活用などを紹介します。

1 韓国語能力試験

1 韓国語能力試験の概要

　韓国語能力試験は、1995 年東京韓国教育院と韓国教育財団が、韓国語講座を受けている人を対象に実施したのが始まりです。1997 年には、韓国政府公認の制度となり、徐々に日本以外の国にも広がりました。1997 年の初回に 2,692 名だった受験者も、今は、80 カ国以上の国々で 40 万名近い受験者が試験を受けるほどに成長しています。

2 韓国語能力試験の目的

　第 1 の目的は、韓国語の能力を測定、評価するためです。第 2 の目的は、外国人韓国語学習者や海外在住の韓国人に、学習方向を示すためです。
　実際 TOPIK を受ける外国人学習者は、①進学、②実力の確認、③韓国企業への就職、④韓国や韓国の文化が好きだから、などの理由で受験しています。

3 韓国語能力試験の活用

　試験結果は、次のような行政・学事手続きの際に有効活用されます。

①韓国政府招待外国人奨学生の進学及び学事管理
②外国の教育課程を履修した外国人または在外韓国人の韓国国内大学及び大学院への進学
③韓国企業への就業希望者の就業ビザ取得、選抜、人事基準
④外国人医師資格者の韓国国内免許認定
⑤外国人の韓国語教員資格試験受験資格取得
⑥永住権取得
⑦結婚移民ビザ発給申請

　他方、韓国国内に在住する外国人留学生は、次のような必要から同試験を受けています。

①韓国での生活の質を高めるために
　→ 上手になれば、韓国人の友達も増え、バイトも出来るから
②韓国語の実力を確認するために

→ どんな授業を取ればいいのか、目安になるから

③自分に自信をつけるために

　→ 上の級が取れれば、自信につながるから

④友達や周りの人に自慢するために

　→ 上の級が取れれば、周りから認められるから

　ほとんどの韓国の大学で、外国人留学生に対する奨学金や生活費支援への支給基準として、同試験の結果を採用していることも、この試験の重要性を物語っています。つまり、TOPIK は、韓国語の能力を確認する唯一の手段となっているのです。

4 韓国政府の計画

　韓国国内の外国人留学生は、2015 年に 10 万名、2019 年に 16 万名を超えました。韓国政府は、2023 年までに留学生 20 万名受け入れ計画を立てています。留学生受け入れの中心に、TOPIK が据えられていることは、言うまでもありません。

2 韓国語能力試験の詳細

1 試験の種類及び等級

1 試験の種類：TOPIK Ⅰ、TOPIK Ⅱ
TOPIK：Test of Proficiency in Korean の略

2 評価の等級：1 級〜 6 級

種類	TOPIK Ⅰ		TOPIK Ⅱ			
	1 級	2 級	3 級	4 級	5 級	6 級
等級	80 点以上	140 点以上	120 点以上	150 点以上	190 点以上	230 点以上

※ TOPIK Ⅰは 200 点満点、TOPIK Ⅱは 300 点満点です。上記の等級は、試験の結果によって自動的に付与されるもので、指定して応募することはできません。

2 試験の構成

1 種類別

種類	時間	区分（分）	形式	問題数	点数	合計点
TOPIK I	1 時間目	聞き（40 分）	選択	30	100	200
		読み（60 分）	選択	40	100	
TOPIK II	1 時間目	聞き（60 分）	選択	50	100	300
		書き（50 分）	記述	4	100	
	2 時間目	読み（70 分）	選択	50	100	

2 問題別

a 選択式 ― 듣기（聞き）試験、읽기（読み）試験

b 記述式 ― 쓰기（書き）試験

i 完成型 ― 単語や短い表現を入れ、文を完成していくタイプの問題です。計 2 問出題されます。

ii 作文型 ― 200 字～300 字の中級レベルの説明文が 1 問、600 字～700 字の高級レベルの論文が 1 問、計 2 問出題されます。

3 作文問題の評価内容（TOPIK II）

問題番号	評価範疇	評価内容
51 ～ 52	内容及び課題の実行	提示された課題にそって適切な内容で書かれているか
	言葉の使用	語彙や文法の使用は正確か
53 ～ 54	内容及び課題の実行	課題が忠実に実行されているか 主題に関連した内容で構成されているか 課題内容が豊富かつ多様に表現されているか
	文の展開構造	文の構成が明確かつ論理的か 文の内容にそって自然に段落構成が行われているか 論理展開を担う表現が適切に使われ、体系的につながっているのか
	言葉の使用	文法や語彙が多様かつ豊富に使われ、適切な文法や語彙が選択され使われているか 文法、語彙、綴りなどの使い方は正確か 文の目的や機能にそって適切な文体で書かれているか

3 主催機関

1 教育部
国の機関で、TOPIK 制度の立案や政策決定、指導監督などを行います。

2 国立国際教育院
教育部直轄の国の機関で、試験に関連し、出題や採点などの業務全般を担当します。

3 試験結果の有効期間
成績発表日から 2 年間が有効で、その間は国立国際教育院のホームページ (http://www.topik.go.kr) から成績証明書を出力することが出来ます。

4 試験時間割

区分	時間	領域	日本・韓国に試験場			試験時間（分）
			入室時間	開始	終了	
TOPIK I	1 時間目	聞き読み	09:20 09:30（日本）	10:00	11:40	100
TOPIK II	1 時間目	聞き読み	12:20 12:30（日本）	13:00	14:50	110
	2 時間目	読み	15:10	15:20	16:30	70

※韓国・日本以外の試験場は、上記とは異なる体制となります。TOPIK I と TOPIK II は併願が可能です。入室時間は厳守です。入室時間を過ぎるといかなる理由があっても入室が認められません。TOPIK I は 1 時間目のみとなります。

5 試験当日の流れ

1 TOPIK I

時間	内容	注意点
～ 09:20 ～ 09:30（日本）	入室	09:20/09:30 以後入室不可
09:20 ～ 09:50	本人確認 解答用紙作成要領説明	携帯電話提出
09:50 ～ 10:00	問題用紙配布 聞き試験の放送確認	
10:00 ～ 10:40	聞き試験	
10:40 ～ 11:40	読み試験	本人確認

2 TOPIK II

時間	内容	注意点
～ 12:20 ～ 12:30（日本）	入室	12:20/12:30 以後入室不可
12:20 ～ 12:50	本人確認 解答要領説明	携帯電話提出
12:50 ～ 13:00	問題用紙配布 聞き試験の放送確認	
13:00 ～ 14:00	聞き試験	
14:00 ～ 14:50	書き試験	本人確認
14:50 ～ 15:10	休憩	15:10 以後入室不可
15:10 ～ 15:20	解答要領説明	
15:20 ～ 16:30	読み試験	本人確認

※韓国・日本以外の試験場は、上記とは異なる体制となります。TOPIK I と TOPIK II は併願が可能です。
　入室時間は厳守です。入室時間を過ぎるといかなる理由があっても入室が認められません。

6 試験の実施時期と願書受付

1 韓国では、2 月、4 月、5 月、7 月、10 月、11 月の計 6 回実施されます。日本で実施されない 2 月、5 月、11 月試験への応募は、韓国国内でのみ受付が可能で、成績も国立国際教育院のホームページでのみ、確認が可能です。

2 日本では、4 月、7 月、10 月の計 3 回実施されます。県別に試験会場が設けられ、試験の結果が自宅に送付されてきます。

3 韓国の大学へ進学・編入学を希望する場合には、TOPIK II 3 級以上または TOPIK I 2 級を取得することが条件です。3 月入学・編入学を希望する場合は、前年度の 10 月試験で 3 級以上または 2 級を取得する必要があります。大学によっては、11 月や 1 月試験の合格を条件に受験を許可してくれるところもあります。9 月入学・編入学を希望する場合は、7 月の試験が最後のチャンスとなります。

4 以上の説明は、現行の TOPIK 制度を踏まえたもので、試験制度や TOPIK の問題構成、大学の入試条件などは、変更されることがあります。

3 TOPIK I の目標

　TOPIK は、級の取得を目標とするものではありません。もちろん、大学によっては、入試の時に 2 級ないし 3 級を要求したり、卒業要件として 4 級以上の取得を求めたりするところもあります。また、韓国企業への就活の時に、高い級を要求されることもあります。しかし、試験は、教育活動の最後の段階で、円滑に目標を達成したかどうかをチェックするために行うものです。問題も、実際行った教育活動の中から出題されます。TOPIK は、そういった教育活動の一環として、位置付けられています。したがって、I や II で、どんな教育活動を設計しているのかを知ることは、とても大事なことです。というのも、そこから、問題が作られるからです。

　TOPIK I の教育目標は、韓国で生活をする時に、または、旅行で一時滞在をする時に、①簡単な話が聞き取れる、②日常生活に必要な基本的な表現が話せる、③簡単な文章の意味が分かる、④簡単な内容の文章が書ける、といったところに置かれています。試験も、それにそって、簡単なコミュニケーション能力、簡単な文章理解力を問う内容が出てきます。テーマも、日常生活や一時滞在の中で起こり得るシチュエーションが使われます。したがって、TOPIK I に合格すると、簡単な会話能力、簡単な文章力、簡単な読解能力が備わったという認定となります。

MEMO

第2章
韓国語、朝鮮語、ハングル

この章では、韓国語の基本的なことやハングル文字の概要を紹介します。

韓国語、朝鮮語、ハングル

　韓国語は、韓国で使われている言葉を、朝鮮語は、北朝鮮で使われている言葉を指します。南北朝鮮が1948年それぞれの政府を建て分離されて以来70余年が経ち、少し違いも出てきていますが、基本的には同じ言葉です。ハングルは、朝鮮王朝の第4代王である世宗（セジョン）大王が創った文字のことで、韓国と北朝鮮、両方で使われています。ハングルは「ハン→（大きい）＋（グル→文字／文章）＝偉大な文字」の意味です。日本国内で、韓国語や朝鮮語の代わりに、ハングルやハングル語などの名称が使われることがありますが、これは、韓国と北朝鮮、どちらにも与したくない配慮の表われで、本来は適切な言い方ではありません。

韓国語と漢字語

　全言葉の約半分を漢字語が占めるのは、日本語と同じです。しかし、韓国語は漢字を意味で読む訓読みをしないので、ハングルだけの表記が可能となり、韓国で漢字を見かけることはあまりありません。ただ、ニュースとかの硬い言い方になると、漢字語が飛躍的に増えるので、学習面ではとても重要です。

　ハングルは、表音文字です。子音と母音を組み合わせて音を表します。次のような方法です。

種類	例
子音 ＋ 母音	나（俺）na ⇒ ㄴ＋ㅏ 처（妻）cho ⇒ ㅊ＋ㅓ 개（犬）ke ⇒ ㄱ＋ㅐ
子音 ＋ 母音	소（牛）so ⇒ ㅅ＋ㅗ 그（あの／その）ku ⇒ ㄱ＋ㅡ 무（大根）mu ⇒ ㅁ＋ㅜ

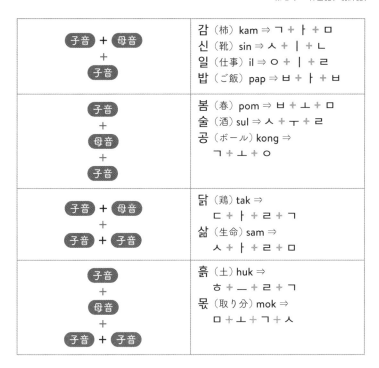

上の表を見ると、3番目以降、文字の下に子音がぶら下がっているのが分かります。この子音をパッチムと言います。聞き慣れない言い方ですが、音声的には、日本語の「ん」や「っ」とそっくりです。次のような感じです

손님 ▶ so + n（パッチム）   ni + m（パッチム）
    ↓   ↓   ↓   ↓
    ソ ン   ニ ム

닫자 ▶ ta + t（パッチム）   cha
    ↓   ↓   ↓
    タ ッ   チャ

ひらがなやカタカナも表音文字ですが、子音と母音が分離されていないところがハングルと違います。

4 韓国語の母音

韓国語の母音は、全部で21個あります。単母音8個と二重母音13個です。

- **単母音** — 音の出だしから最後まで口の形を変えない音。唇や舌の形が終始変わらない。
- **二重母音** — 途中から口の形が変わる音。唇や舌の形が途中から変わる。

単母音は、始まりと終わりの音が同じです。二重母音は、始まりと終わりの音が違います。日本語の母音、アイウエオは、単母音に属します。韓国語と比較すると、ウが2つ、エが2つ、オが2つあることになります。

母音	発音	母音	発音
ㅏ	a 「ア」	ㅐ	e 「エ」とほぼ一緒
ㅓ	o 口が縦長の 「オ」	ㅔ	e 「エ」
ㅗ	o 「オ」	ㅣ	i 「イ」
ㅜ	u 「ウ」	ㅡ	u 口が真一文字の 「ウ」

二重母音は、アイウエオを2つ重ねます。韓国語と比較すると、イェが2つ、ウィが2つ、ウェが3つ、ヨが2つあることになります。

母音	発音	母音	発音
ㅑ 【 ㅣ + ㅏ 】	ya 「ヤ」	ㅕ 【 ㅣ + ㅓ 】	yo 口が縦長の「ヨ」
ㅛ 【 ㅣ + ㅗ 】	yo 「ヨ」	ㅠ 【 ㅣ + ㅜ 】	yu 「ユ」

ㅒ 【ㅣ＋ㅐ】	ye 「イェ」と ほぼ一緒	ㅖ 【ㅣ＋ㅔ】	ye 「イェ」
ㅘ 【ㅗ＋ㅏ】	wa 「ワ」	ㅝ 【ㅜ＋ㅓ】	wo 「ウォ」と ほぼ一緒
ㅙ 【ㅗ＋ㅐ】	we 「ウェ」とほぼ 一緒	ㅞ 【ㅜ＋ㅔ】	we 「ウェ」
ㅢ 【ㅡ＋ㅣ】	ui 口を真一文字に して「ウィ」と 発音	ㅟ 【ㅜ＋ㅣ】	wi 「ウィ」
ㅚ 【ㅗ＋ㅣ】	we 「ウェ」とほぼ 一緒		

　ヤ行やワ行は、日本語では母音と言いませんが、韓国語では二重母音です。それを踏まえると、「日本語の母音は5つ」という話は、あまり意味を為さないのかもしれません。こう見ていくと、韓国語の母音は、数が多くて難しいと感じるかもしれませんが、これらの母音の発音は、聞いてではなく、単語や前後文脈の意味から汲み取るのがほとんどです。微妙な音の違いを耳で聞き分けることは、ほぼ不可能だからです。

5 韓国語の子音

　韓国語の子音は、基本子音14個、双子音5個、重子音11個の計30個あります。双子音とは、基本子音を2つ重ねるもので、重子音とは、異なる子音を2つ重ねるものです。

1 基本子音（14個）

　基本子音は、文字の頭とパッチムの2カ所で使われます。前後する文字の影響を受け、音が変化することがよくあります。以下の表を見て下さい。

子音	①語頭の発音	②挟まれる時	③パッチムの発音
ㄱ	k	g	k
ㄴ	n	n	n

ㄷ	t	d	t
ㄹ	r	l	l
ㅁ	m	m	m
ㅂ	p	b	p
ㅅ	s	s	t
ㅇ	／	／	ng
ㅈ	ch	j	t
ㅊ	ch	ch	t
ㅋ	k	k	k
ㅌ	t	t	t
ㅍ	p	p	p
ㅎ	h	複数	t

　②の「挟まれる」は、子音が、母音や「ㄴ (n)」「ㅁ (m)」「ㄹ (r/l)」などに挟まれる現象のことです。「っ」系列の子音(ㄱ / ㄷ / ㅂ / ㅈ)がその対象となります。これらは、挟まれると濁って「k → g」「t → d」「p → b」「ch → j」となります。

　③の「パッチムの発音」は、「ㅅ / ㅈ / ㅊ / ㅋ / ㅌ / ㅍ / ㅎ」が対象です。これらがパッチムに来ると、元の音は無視され、代表音の発音になります。

② 双子音 (5個)

　双子音は、複合子音とも言います。これも文字の頭とパッチム、2 カ所で使われます。

子音	①語頭の発音	②挟まれる時	③パッチムの発音
ㄲ	kk	kk	k
ㄸ	tt	tt	／
ㅃ	pp	pp	／
ㅆ	ss	ss	t
ㅉ	jj	jj	／

　双子音は、挟まれても音が変化しません。パッチムとして使われるのは、「ㄲ / ㅆ」の二つで、それぞれ「ㄱ k/ ㄷ t」で発音されます。

3 重子音（11 個）

　重子音は、パッチムのみです。これらは、ハングルが創られた当時から常に変化を重ねているため、発音もよく変わります。下の表には、標準語発音と慣習的発音、両方を載せておきました。全く別の発音になることもあります。

子音	語頭の発音	パッチムの発音 （標準）	パッチムの発音 （慣習的発音）
ㄳ	／	k	k
ㄵ	／	n	n
ㄶ	／	n	n
ㄺ	／	k	l
ㄻ	／	m	m
ㄼ	／	p/l	l
ㄳ	／	l	l
ㄾ	／	l	l
ㄿ	／	p	l
ㅀ	／	l	l
ㅄ	／	p	p

6　ローマ字の読み仮名

　本書で使われるローマ字の読み仮名は、独自のものです。難しい音声記号は避け、分かりやすさを採用しました。所々、同じ環境なのに、違う読み仮名が振られたりするところがあります。それは、どちらにもなるという意味です。

MEMO

第3章
韓国語の
聞こえ方の概要

この章では、TOPIK Ⅰ の듣기試験での音声
の聞こえ方について学びます。

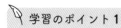

母音の聞こえ方
|

連音化

　パッチム子音（基本子音・双子音）の後ろに母音が来たら、パッチムを後ろの母音に合体させ、発音する現象のことです。

> **例**
>
>   murieyo
> A: 물이에요 ？　　　お水ですか？
>
>   ne   murieyo
> B: 네 , 물이에요 .　　はい、水です。

「물이에요」は、文字通りなら、「물 mul ＋이에요 ieyo」と発音しなければなりません。しかし、実際には、母音と合体し「muri」と発音します。そちらの方が自然な音の流れだからです。一方、重子音パッチムの時には、次のようになります。

> **例**
>
>   chegul ilgoyo
> A: 책을 읽어요 ？　　本を読みますか？
>
>   ne   ilgoyo
> B: 네 , 읽어요 .　　　はい、読みます。

「읽어요」は、文字通りなら、「읽 ik ＋어요 oyo」と発音しなければなりません。しかし、重子音パッチムは、左がパッチムの発音となり、右は、次の母音に合体されます。
連音化は、言葉の中で起きるものですが、次のように連続する言葉間でも起こることがあります。

chonun an　gayo
저는 안 가요 .（私は行きません）

   chonunangayo
→저느난가요

1 短母音

아 (a) と 이 (i)

track 001

▶「아」は、「ア」、「이」は、「イ」に聞こえます。

aiga   yeppoyo
A: 아이가 예뻐요 .　　　　　　お子さん、可愛いですね。

kamsahamnida
B: 감사합니다 .　　　　　　　ありがとうございます。

irumi   mwoyeyo
A: 이름이 뭐예요 ?　　　　　　お名前は何ですか？

kimjinirimnida
B: 김진일입니다 .　　　　　　キム・ジンイル（人名）です。

kogi   anjayo
A: 거기 앉아요 .　　　　　　　そこに座って下さい。

komapsumnida
B: 고맙습니다 .　　　　　　　ありがとうございます。

오 (o) と 어 (ɔ)

track 002

▶「어」も、「오」も、「オ」に聞こえます。「어」は、口を縦長にし、「오」は、口を丸くして発音しますが、音の違いを区別するのは、単語や文脈です。

omoni   geseyo
A: 어머니 계세요 ?　　　　　　お母さん、いらっしゃいますか？

anyo   an geseyo
B: 아뇨 , 안 계세요 .　　　　　いいえ、いません。

chigum mwo mogoyo
A: 지금 뭐 먹어요 ?　　　　　　今、何食べていますか？

kimpabul   mogoyo
B: 김밥을 먹어요 .　　　　　　キムパップを食べています。

kuduga   koyo
A: 구두가 커요 ?　　　　　　　靴が大きいですか？

aniyo   chagayo
B: 아니요 , 작아요 .　　　　　いいえ、小さいです。

kogi   choahaseyo
A: 고기 좋아하세요 ?　　　　　お肉、お好きですか？

ne   choaheyo
B: 네 , 좋아해요 .　　　　　　はい、好きです。

A: 왜 안 오는 거예요?
we a nonun goyeyo

何で来ないのですか？

B: 지금 가요.
chigum gayo

今向かっています。

우 (u) と 으 (u)

track 003

▶ 「우」も、「으」も、「ウ」に聞こえます。「우」は、「す・つ」以外のウ段母音に、「으」は、「す・つ」の母音とそっくりです。これも、単語を覚えることで、音の違いが分かるようになります。

A: 비가 오네요.
piga oneyo

雨が降ってきましたね。

B: 우산 있어요.
usa nissoyo

傘、ありますよ。

A: 누구예요?
nuguyeyo

誰ですか？

B: 친구요.
chinguyo

友達です。

A: 즐거운 시간 보내세요.
chulgoun sigan boneseyo

楽しい時間をお過ごし下さい。

B: 네, 고마워요.
ne gomawoyo

はい、ありがとうございます。

에 (e) と 애 (e)

track 004

▶ 「에」も、「애」も、「エ」に聞こえます。2つの区別は、ほとんどつきません。どちらの母音かは、単語や文脈で判断します。

A: 몇 시에 시작해요?
myotsie sijakeyo

何時に始まりますか？

B: 세 시요.
sesiyo

3時です。

A: 게 좋아하세요?
ke choahaseyo

カニ、好きですか？

B: 누구요?
nuguyo

誰ですか？

💡 「게（カニ）」「개（犬）」「걔（あの子／その子）」は、文字を見ると違いが分かりますが、音で聞くとほぼ「ke」に聞こえるので、上のような可笑しいやり取りになります。

28

A: _{chibeso} _{mwo} _{hessoyo}
집에서 뭐 했어요 ?　　　　　家で何をしていましたか？

B: _{terebi} _{bwassoyo}
테레비 봤어요 .　　　　　　　テレビを見ていました。

2 二重母音

외（we）と 왜（we）と 웨（we）　　　　　🔊 track 005

▶ 「외」も、「왜」も、「웨」も、「ウェ」に聞こえます。これらの区別は、ほとんどつきません。ど
れなのかは、単語で判断します。

A: _{weguk} _{kasyossoyo}
외국 가셨어요 ?　　　　　　外国に行かれたのですか？

B: _{ye} _{ilbone} _{kassoyo}
예 , 일본에 갔어요 .　　　　はい、日本に行きました。

A: _{chom} _{bone} _{juseyo}
좀　보내 주세요 .　　　　　行かせて下さいよ。

B: _{an} _{dwemnida}
안 됩니다 .　　　　　　　だめです。

A: _{hweiga} _{issoyo}
회의가 있어요 ?　　　　　会議があるのですか？

B: _{ne} _{sesibutoimnida}
네 , 3 시부터입니다 .　　　はい、3時からです。

A: _{wedingmachi} _{onjeyeyo}
웨딩마치 언제예요 ?　　　ウェディングマーチ、いつですか？

B: _{cho} _{kyoron} _{an} _{heyo}
저 , 결혼 안 해요 .　　　　私、結婚しません。

A: _{wenniriseyo}
웬일이세요 ?　　　　　　どうしたのですか？

B: _{mannago} _{siposo} _{wassoyo}
만나고 싶어서 왔어요 .　会いたくて来ました。

A: _{chigum} _{ppalli} _{oseyo}
지금 빨리 오세요 .　　　今すぐに来て下さい。

B: _{weyo}
왜요 ?　　　　　　　　どうしてですか？

A: 왠지 싫어요 .
wenji siroyo
なぜか嫌です。

B: 괜찮을 거예요 .
kwenchanul koyeyo
大丈夫でしょう。

예 (ye) と 얘 (ye)

🔊 track 006

▶ 「예」も、「얘」も、「イェ」に聞こえます。ただ、「子音＋예／얘」は「e」に聞こえます。この２つの区別も、単語に頼ります。

A: 얘가 개예요 ?
yega keyeyo
この子がその子ですか？

B: 네 , 맞아요 .
ne majayo
はい、そうです。

A: 예수는 그리스도십니다 .
yesunun gurisudosimnida
イエスはキリストです。

B: 그리스도가 무슨 뜻이에요 ?
kurisudoga musun ttusieyo
キリストってどういう意味ですか？

A: 핑계 대지 마세요 .
pingge deji maseyo
言い訳しないで下さい。

B: 핑계 아니에요 .
pingge anieyo
言い訳ではありません。

A: 제 차례예요 .
che chareyeyo
私の番です。

B: 아니에요 , 아직이에요 .
anieyo ajigieyo
いや、まだですよ。

여 (yo) と 요 (yo)

🔊 track 007

▶ 「여」も、「요」も、「ヨ」に聞こえます。「여」は、口を縦長に、「요」は、口を丸くして出す音です。どちらなのかは、単語や文脈で判断します。

A: 영화 보러 갈래요 ?
yongwa boro kalleyo
映画、観に行きましょうか？

B: 좋아요 . 같이 가요 .
choayo kachi gayo
いいですよ。一緒に行きましょう。

A: 겨우 이거밖에 없어요 ?
kyou igobakke opsoyo
たったこれしかないのですか？

B: 죄송합니다 .
chwesonghamnida
申し訳ありません。

onurun　　hakkyo　an　gayo
A: 오늘은 학교 안 가요 ?　　　　今日は学校、行かないのですか？

panghagieyo
B: 방학이에요 .　　　　　　　　休みです。

yose　　bappuseyo
A: 요새 바쁘세요 ?　　　　　　最近、お忙しいですか？

aniyo　　　pyollo　an　bapayo
B: 아니요 , 별로 안 바빠요 .　　いいえ、あまり忙しくありません。

야（ya）と 유（yu）

◀)) track 008

▶「야」は、「ヤ」、「유」は、「ユ」に聞こえます。

yagu　　charaseyo
A: 야구 잘하세요 ?　　　　　　野球、上手ですか？

chal　moteyo
B: 잘 못해요 .　　　　　　　　上手じゃありません。

syampu hyanggiga　chochiyo
A: 샴푸 향기가 좋지요 ?　　　　シャンプーの香りがいいですよね？

chongmal　guroneyo
B: 정말　그러네요 .　　　　　　本当にそうですね。

neil　　yangbo　gipko　oseyo
A: 내일 양복 입고 오세요 .　　　明日、スーツ着て来て下さい。

algessumnida
B: 알겠습니다 .　　　　　　　　分かりました。

hyuga　onje　　gaseyo
A: 휴가 언제 가세요 ?　　　　　休み、いつ取るのですか？

taum　ttareyo
B: 다음 달에요 .　　　　　　　来月です。

sogyukapsi　　ollassoyo
A: 석유 값이 올랐어요 ?　　　　石油の値段が上がったのですか？

ne　　ollassoyo
B: 네 , 올랐어요 .　　　　　　　はい、上がりました。

와 (wa) と 워 (wo)

◀)) track 009

▶ 「와」は、「ワ」、「워」は、「ウォ」に聞こえます。

kwaja mogulleyo
A: 과자 먹을래요 ?　　　　　　　　お菓子、食べますか？

chochiyo juseyo
B: 좋지요 . 주세요 .　　　　　　　　いいですね、下さい。

mwol guroke boseyo
A: 뭘 그렇게 보세요 ?　　　　　　　何をそんなに見ているのですか？

hanguk turamarul pogo issoyo
B: 한국 드라마를 보고 있어요 .　　　韓国のドラマを見ています。

gu wonpisu chal oullineyo
A: 그 원피스 잘 어울리네요 .　　　　そのワンピース、よくお似合いですね。

gureyo kamsahamnida
B: 그래요 ? 감사합니다 .　　　　　　そうですか？　ありがとうございます。

ne hyudejonwa juseyo
A: 내 휴대전화 주세요 .　　　　　　私の携帯、下さい。

odida nwassoyo
B: 어디다 놨어요 ?　　　　　　　　どこに置いたのですか？

위 (wi)

◀)) track 010

▶ 「위」は、「ウィ」に聞こえます。

yoginun wihomeyo
A: 여기는 위험해요 .　　　　　　　　ここは、危ないですよ。

mollassoyo nagagessumnida
B: 몰랐어요 . 나가겠습니다 .　　　　知りませんでした。出ます。

kwi charan dulliseyo
A: 귀 잘 안 들리세요 ?　　　　　　　耳、よく聞こえないのですか？

nulgoso gureyo
B: 늙어서 그래요 .　　　　　　　　年寄りだからそうなんです。

olmana noo durilkkayo
A: 얼마나 넣어 드릴까요 ?　　　　　どのくらい入れましょうか？

hwiballyu kadung noo juseyo
B: 휘발유 가득 넣어 주세요 .　　　　ガソリン、満タンに入れて下さい。

의 (ui)

🔊)) track 011

▶「의」は、言葉の頭に現れる時には「ウィ」に、言葉の 2 文字目以降に現れる時には「イ」に、「の」の意味になる時には「エ」に聞こえます。これも、単語を知っていれば、区別することが出来ます。

uigyonul　mare　boseyo
A: 의견을 말해 보세요 .　　　意見を言ってみて下さい。

chonun chansongimnida
B: 저는 찬성입니다 .　　　私は、賛成です。

chol　uisimhaseyo
A: 절 의심하세요 ?　　　私を疑っているのですか？

anyo　uisimhanun　ge animnida
B: 아뇨 , 의심하는 게 아닙니다 .　　いいえ、疑っているのではありません。

hwei　myotsibutojyo
A: 회의 몇 시부터죠 ?　　　会議、何時からでしたっけ？

yoransibutoimnida
B: 11 시부터입니다 .　　　11 時からです。

nomu　yeiga　opsoyo
A: 너무 예의가 없어요 .　　　本当にマナーが悪いんですよ。

chodo　guroke　senggakesumnida
B: 저도 그렇게 생각했습니다 .　　私もそう思いました。

che chingue　chingueyo
A: 제 친구의 친구예요 .　　　私の友達の友達です。

annyonghaseyo
B: 안녕하세요 ?　　　こんにちは。

i　noree　jemogi　mwomnikka
A: 이 노래의 제목이 뭡니까 ?　　この歌のタイトルは何ですか？

kugon　chodo morogessumnida
B: 그건 저도 모르겠습니다 .　　それは、私も分かりません。

子音の聞こえ方 Ⅱ

- -

🖊 学習のポイント 2

パッチムの働き

　子音は、30個ありますが、パッチムに使われるのは、27個で、発音の働きをするものは、その中の「ㄱ / ㄷ / ㅂ」「ㅇ / ㄴ / ㅁ」「ㄹ」の7個です。したがって、その他の子音は、7つのうち、どれかに発音を頼ることになります。TOPIK Ⅰで気を付けなければいけないパッチムは、「ㄷ / ㅌ / ㅅ / ㅆ / ㅈ / ㅊ / ㅍ / ㅎ / ㅆ / ㅃ」の10個です。

🖊 学習のポイント 3

濁るパッチム ㄱ / ㄷ / ㅂ / ㅈ

　これらの子音は、母音や「ㄴ（n）」「ㅁ（m）」「ㄹ（r/l）」などに挟まれると「k → g」「t → d」「p → b」「ch → j」のように濁って聞こえます。

「감기（風邪）kamki ➡ kamgi」

「기도（祈祷）kito ➡ kido」

「담배（タバコ）tampe ➡ tambe」

「전지（電池）chonchi ➡ chonji」

「졸다（居眠りをする）cholta ➡ cholda」

🖊 学習のポイント 4

パッチム ㄱ / ㄷ / ㅂ

　これは、日本語の「っ」とそっくりです。「っ」は、つまる音・促音と言い、肺から喉、口の中を通る息が、途中でつまることで発生する音です。喉を使う音が「ㄱ」、舌を使う音が「ㄷ」、両唇を使う音が「ㅂ」です。したがって、パッチムの発音が「っ」に聞こえたら、それが、「ㄱ / ㄷ / ㅂ」のうち、どれなのかを単語や文脈で突き止めなければなりません。

「학교에 가요（学校に行きます）hakkyoe gayo」

「듣고 싶습니다（聞きたいです）tutko sipsumnida」

「김밥 주세요（キムパップ、下さい）kimpap chuseyo」

🖋 学習のポイント 5

パッチム ㅇ / ㄴ / ㅁ

　これは、日本語の「ん」とそっくりです。「ん」は、はねる音・撥音と言い、肺から喉、口の中を通る息が、撥ねられて鼻を通ることで発生する音です。「ㅇ / ㄴ / ㅁ」が鼻音と呼ばれるのは、これが理由です。喉を使う音が「ㅇ」で、舌を使う音が「ㄴ」、両唇を使う音が「ㅁ」です。したがって、パッチムの発音が「ん」に聞こえたら、それが、「ㅇ / ㄴ / ㅁ」のうち、どれかを単語や文脈で突き止めなければなりません。

「영어를 잘해요（英語が上手です）yongorul chareyo」

「언니하고 먹어요（姉と食べます）onnihago mogoyo」

「음식이 매워요（料理が辛いです）umsigi mewoyo」

1　パッチム「ㄷ / ㅌ / ㅅ / ㅆ / ㅈ / ㅊ」

　これらの子音は、すべて「ㄷ（t）」に聞こえます。ただし、後ろに母音が来て連音する時には、元の音に戻ります。そして、後ろに「는데（けど）」や「네요（です／ますね・です／ますよ）」などが来たら、「t」ではなく「n」に聞こえます。

「갈 곳（行くところ）kal kos ➡ kal kot」

「갈 곳을（行くところを）kal kotul ➡ kal kosul」

「봤습니다（みました）pwasssumnida ➡ pwatsumnida」

「봤어요（みました）pwatoyo ➡ pwassoyo」

「찾고 있어요（探しています）chajko issoyo ➡ chatko issoyo」

「찾았어요（探しています）chajatoyo ➡ chajassoyo」

「꽃병으로（花瓶で）kkochpyonguro ➡ kkotpyonguro」

「꽃이（花が）kkoti ➡ kkochi」

「갔는데요（行きましたが）kassnundeyo ➡ kannundeyo」

「찾네요（探していますよ）chatneyo ➡ channeyo」

2 パッチム「ㅂ / ㅃ / ㅍ」

　これらの子音は、「ㅂ（p）」に聞こえます。ただし、後ろに母音が来て連音する時には、元の音に戻ります。そして、後ろに「는데（けど）」や「네요（です／ますね・です／ますよ）」などが来たら、「p」ではなく「m」に聞こえます。

「밥 주세요（ご飯、下さい）pap chuseyo」

「밥을 먹어요（ご飯を食べます）papul mogoyo ➡ pabul mogoyo」

「재미있습니다（面白いです）chemiitsupnida ➡ chemiitsumnida」

「없습니다（ありません）opsupnida ➡ opsumnida」

「없어요（ないです）opoyo ➡ opsoyo」

「없는데요（ないのですが）opnundeyo ➡ omnundeyo」

「보고 싶습니다（会いたいです）pogosipsupnida ➡ pogosipsumnida」

「보고 싶어요（見たいです）pogo sipoyo」

「보고 싶네요（見たいですね）pogo sipneyo ➡ pogo simneyo」

3 パッチム「ㅎ」

　「h」に聞こえるのは、文字の頭に来る時だけで、それ以外はすべて変化します。後ろに母音が来たら、「h」は聞こえません。「ㅅ」が来たら、「t」に聞こえます。前後に「ㄱ / ㄷ / ㅂ / ㅈ」が来たら、「h」が消え、「ㅋ / ㅌ / ㅍ / ㅊ」に聞こえます。また、「ㅎ」がパッチム「ㄴ / ㄹ / ㅁ / ㅇ」の後に来たら、人によって発音がばらばらになります。

「확인해 주세요（確認して下さい）hwagine/hwaginhe juseyo」

「회사（会社）hwesa」

「영화 좋아해요（映画、好きです）yonghwa/yongwa choaheyo」

「좋겠어요（いいです）chokessoyo」

「생각해요（思います／考えます）sengakeyo」

「좋다고 했어요（いいと言いました）chotago hessoyo」

「복잡하니까（複雑だから／混んでいるから）pokchapanikka」

「좋지요（いいですね）chochiyo」

「전화해요（電話します）chonhwaheyo/chonwaheyo」

「결혼식에 (結婚式に)kyolhonsige/kyoronsige」

4 パッチム「ㄶ」

　後ろに「ㅅ」や母音が来たら「n」に聞こえます。「ㄱ/ㄷ/ㅂ/ㅈ」が来たら「ㅎ」がそれに合体して、「ㄴ＋ㅋ/ㅌ/ㅍ/ㅊ」に聞こえます。

「많습니다（多いです）mansumnida」

「많아요（たくさんあります／います）manayo」

「많은 사람（たくさんの人）manun saram」

「버리지 않고（捨てないで）poriji anko」

「많다고 합니다（多いと言います）mantago hamnida」

「많지요（多いですよ）manchiyo」

5 パッチム「ㄱ/ㄷ/ㅂ」➡「ㅇ/ㄴ/ㅁ」

　パッチム「ㄱ/ㄷ/ㅂ」の後ろに、「ㄴ/ㅁ」が来たら、「k→ng／t→n／p→m」と音が変わります。パッチム「ㄱ/ㄷ/ㅂ」は、音がつまる閉鎖音です。閉鎖音は、閉鎖が解かれると、破裂します。そこに「ㄴ/ㅁ（鼻音）」が現れると、放たれた空気が鼻に向かおうとするため、「ㄱ/ㄷ/ㅂ」が鼻音の「ㅇ/ㄴ/ㅁ」に変わって聞こえます。

「박물관에서（博物館で）pakmulgwaneso ➡ pangmulgwaneso」

「행복마트（ヘンボックマート）hengbokmatu ➡ hengbongmatu」

「듣는 음악（聞く音楽）tutnun umak ➡ tunnun umak」

「해 봤는데（やってみたけど）he bwatnunde ➡ he bwannunde」

「없습니다（いません）opsupnida ➡ opsumnida」

第4章
不規則の聞こえ方、
見分け方

この章では、動詞・形容詞の不規則活用を
学びます。不規則になると、聞こえ方も違っ
てくるため、それらの構造を覚えておく必
要があります。聞こえ方は、聞きとり試験
に、見分け方は、読解試験に有効です。

| ｜「아요 / 어요」系 |

動詞・形容詞陽母音語幹 **+** 아요（ayo）

動詞・形容詞陰母音語幹 **+** 어요（oyo）

※陽母音とは、「아（a）／오（o）」のことです。陰母音とは、「아（a）／오（o）」以外の母音のことです。

✎ 学習のポイント 6

　動詞・形容詞語幹に「아（a）／어（o）」の形をした語尾がつくと、ルール通りに聞こえない不規則です。

1 아어다（aoda）型

聞こえ方

　語幹の最後に「아 / 어」があると、語尾の母音が縮約され、一つの母音に聞こえます。

見分け方

　語幹に語尾の「아 / 어」が吸収され、見えなくなります。

「가（다）➡ 가 **+** 아요 ➡ 가요」（行く ⇒ 行き＋ます → 行きます）

「서（다）➡ 서 **+** 어요 ➡ 서요」（止まる ⇒ 止まり＋ます → 止まります）

「만나（다）➡ 만나 **+** 아서 ➡ 만나서」（会う ⇒ 会い＋て → 会って）

2 오우다（ouda）型

聞こえ方

語幹の最後に「오（o）/ 우（u）」があると、後ろの「아（a）/ 어（o）」と合体し「와（wa）/ 워（wo）」に聞こえます。

> **見分け方**

語幹の「오 / 우」と後ろの「아 / 어」が合体し、「와 / 워」になります。

「바꾸（다）→ 바꾸 + 어요 → 바꿔요」（変える ⇒ 変え＋ます → 変えます）
pakku   da   pakku   oyo   pakkwoyo

「보（다）→ 보 + 아요 → 봐요」（見る ⇒ 見＋ます → 見ます）
po   da   po   ayo   pwayo

---

3 하다（hada）型

> **聞こえ方**

「하다（hada）」の形をしているものは、「해요（heyo）」に聞こえます。

> **見分け方**

「하다」の形をしているものは、「해요」になります。

「좋아하（다）→ 좋아하 + 어요 → 좋아해요」
choaha   da   choaha   oyo   choaheyo
（好きだ ⇒ 好き＋です → 好きです）

「도착하（다）→ 도착하 + 어서 → 도착해서」（着く ⇒ 着き＋て → 着いて）
tochaka   da   tochaka   oso   tochakeso

「인사하（다）→ 인사하 + 었 + 어요 → 인사했어요」
insaha   da   insaha   ot   oyo   insahessoyo
（あいさつする ⇒ あいさつし＋た＋ます → あいさつしました）

---

4 되다（tweda）型

> **聞こえ方**

「되다（tweda）」の形をしているものは、「돼요（tweyo）」に聞こえます。「돼」になるのは、後ろに「아 / 어」系の語尾が来る時なので、子音が頭にある語尾は、「돼」で

はなく、「되」そのままです。「되」と「돼」は、ほぼ同じ音です。２つを区別するのは、音ではなく、後ろに来る語尾の種類です。「되＋어」は、そのまま「되어（tweo）」と発音することもよくあります。

見分け方

「되다」の形をしているものは、「돼요」になります。「되요」と書く人がいますが、間違いです。「되＋어」は、そのまま「되어」と使われることもよくあります。

kokchongdwe　da　　　kokchongdwe　oyo　　　kokchongdweyo
「걱정되 (다) ➡ 걱 정 되 + 어요 ➡ 걱정돼요」
（気になる ⇒ 気になり＋ます → 気になります）

harindwe　da　　harindwe　ot　oyo　　harindwessoyo
「할인되 (다) ➡ 할인되 + 었 + 어요 ➡ 할인됐어요」
（割引される ⇒ 割引され＋た＋ます → 割引されました）

5 이여다（iyoda）型

聞こえ方

語幹の最後に「이 / 여」があると、「이」は「이＋어⇒여」に聞こえ、「여」は「여＋어⇒여」に聞こえます。

見分け方

語幹の「이 / 여」と合体、または吸収され、「이＋어⇒여」「여＋어⇒여」に見えます。

kuri　da　　kuri　oya　　kuryoya
「그리 (다) ➡ 그리 + 어야 ➡ 그려야」（描く⇒描か＋なきゃ→描かなきゃ）

poi　da　　poi　oyo　　poyoyo
「보이 (다) ➡ 보이 + 어요 ➡ 보여요」（見える ⇒ 見え＋ます → 見えます）

pyo　da　　pyo　oyo　　pyoyo
「펴 (다) ➡ 펴 + 어요 ➡ 펴요」（広げる ⇒ 広げ＋ます → 広げます）

6 애에다 (eeda) 型

聞こえ方

語幹の最後に「애 / 에」があると、語尾の「어」が吸収され「애 / 에」に聞こえます。

見分け方

語幹に語尾「어」が吸収され「애 / 에」になります。

「보내 (다) ➡ 보내 + 어요 ➡ 보내요」（送る ⇒ 送り＋ます → 送ります）
pone *da* *pone* *oyo* *poneyo*

「세 (다) ➡ 세 + 어요 ➡ 세요」（数える ⇒ 数え＋ます → 数えます）
se *da* *se* *oyo* *seyo*

7 으다 (uda) 型

聞こえ方

語幹の最後に「ㅡ」があると、「으」が脱落し、その後に「아 / 어」が続きます。

見分け方

語幹の「ㅡ」がなくなった後に「아 / 어」がつきます。

「크 (다) ➡ 크 + 어요 ➡ 커요」（大きい ⇒ 大きい＋です → 大きいです）
ku *da* *ku* *oyo* *koyo*

「예쁘 (다) ➡ 예쁘 + 어서 ➡ 예뻐서」（綺麗だ ⇒ 綺麗＋なので → 綺麗なので）
yeppu *da* *yeppu* *oso* *yepposo*

「아프 (다) ➡ 아프 + 았 + 어요 ➡ 아팠어요」
apu *da* *apu* *at* *oyo* *apassoyo*
（痛い ⇒ 痛い＋かった＋です → 痛かったです）

8 르다 (ruda) 型

聞こえ方

　語幹の最後に「르」があると、「르」の「ㅡ」が落ち、前にパッチム「ㄹ」が添加され、それから、その形に「아 / 어」が続いたものが聞こえます。

見分け方

　語幹の最後に「르」があると、「르」の「ㅡ」が落ち、前にパッチム「ㄹ」が添加され、それから、その形に「아 / 어」がつきます。

pega　puru　da　　　pega　puru　　　oyo　　　pega　pulloyo
「배가 부르 (다) ➡ 배가 부르 ＋ 어요 ➡ 배가 불러요」
（お腹が一杯だ ⇒ お腹が一杯＋です → お腹が一杯です）

pparu　　da　　　pparu　　ayo　　ppallayo
「빠르 (다) ➡ 빠르 ＋ 아요 ➡ 빨라요」（はやい ⇒ はやい＋です → はやいです）

9 ㄷ (t) 型

聞こえ方

　語幹の最後に「ㄷ」があると、「ㄷ」と「ㄹ」が入れ替わって聞こえます。ただし、「닫다 (tatta)（閉める）」「믿다 (mitta)（信じる）」「얻다 (otta)（得る）」は、そうなりません。

見分け方

　語幹の「ㄷ」と「ㄹ」が入れ替わって現れます。「닫다 (tatta)（閉める）」「믿다 (mitta)（信じる）」「얻다 (otta)（得る）」は、その対象ではありません。

ut　　ta　　　tut　oyo　　turoyo
「듣 (다) ➡ 듣 ＋ 어요 ➡ 들어요」（聞く ⇒ 聞き＋ます → 聞きます）

kot　　ta　　　kot　oso　　koroso
「걷 (다) ➡ 걷 ＋ 어서 ➡ 걸어서」（歩く ⇒ 歩い＋て → 歩いて）

10　ㅂ（p）型

聞こえ方

語幹の最後に「ㅂ」があると、「ㅂ」が「우」に変わります。そこに「어」が続くと、合体され、「워」に聞こえます。ただし、「좁다（chopta）（狭い）」「잡다（chapta）（つかむ）」は、そうなりません。

見分け方

語幹の「ㅂ」が「우」に変わり、後ろの「어」と合体した「워」が現れます。「좁다（chopta）（狭い）」「잡다（chapta）（つかむ）」は、その対象ではありません。

komap　ta　　komap　oyo　　komawoyo
「고맙（다）➡ 고맙＋어요 ➡ 고마워요」
（ありがたい ⇒ ありがたい＋です → ありがとうございます）

pangap　ta　　pangap　ot　oyo　　pangawossoyo
「반갑（다）➡ 반갑＋었＋어요 ➡ 반가웠어요」
（会えて嬉しい ⇒ 会えて嬉しい＋かった＋です → お会いできて嬉しかったです）

11　ㅅ（s）型

聞こえ方

語幹の最後に「ㅅ」があると、「ㅅ」が脱落してなくなり、後ろに「아 / 어」が続きます。ただし、「씻다（ssitta）（洗う）」は、そうなりません。

見分け方

語幹の「ㅅ」が脱落した後に「아 / 어」が現れます。「씻다（ssitta）（洗う）」は、その対象ではありません。

nat　ta　　nat　at　oyo　　naassoyo
「낫（다）➡ 낫＋았＋어요 ➡ 나았어요」（治る ⇒ 治り＋た＋ます → 治りました）

chit　ta　　chit　oyo　　chioyo
「짓（다）➡ 짓＋어요 ➡ 지어요」（建てる ⇒ 建て＋ます → 建てます）

II 「ㄹ게요 / 을게요」系

使い方

動詞・形容詞パッチム有語幹 **+** 을게 / 을까요？ など

動詞・形容詞パッチム無語幹 **+** ㄹ게 / ㄹ까요？ など

学習のポイント7

　動詞・形容詞語幹に、「ㄹ게요（lkeyo）/ 을게요（ulkeyo）（します）」「ㄹ까요？（lkkayo）/ 을까요？（ulkkayo）（しましょうか / するでしょうか）」のように、パッチムの有無でつき方が変わる語尾が来ると、ルール通りに聞こえないものがあります。

ㄷ（t）型

聞こえ方

　語幹の最後に「ㄷ」があると、「ㄷ」と「ㄹ」が入れ替わって聞こえます。「닫다（tatta）（閉める）」「믿다（mitta）（信じる）」「얻다（otta）（得る）」は、対象外です。

見分け方

　語幹の「ㄷ」と「ㄹ」が入れ替わった形が現れます。「닫다（tatta）（閉める）」「믿다（mitta）（信じる）」「얻다（otta）（得る）」は、対象外です。

「듣 (다) ➡ 듣 **+** 을래요 ➡ 들을래요？」（聞く ⇒ 聞き＋ます → 聞きますか）
tut　ta　　　tut　ulleyo　　　turulleyo

「걷 (다) ➡ 걷 **+** 을게 ➡ 걸을게요」（歩く ⇒ 歩き＋ます → 歩きます）
kot　ta　　　kot　ulkeyo　　korulkeyo

「묻 (다) ➡ 묻 **+** 을거예요 ➡ 물을거예요」
mut　ta　　　mut　ulkoeyo　　murulkoeyo
（訊く ⇒ 訊く＋つもりです → 訊くつもりです）

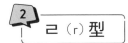

2 ㄹ（r）型

聞こえ方

語幹の最後に「ㄹ」があると、「ㄹ」が脱落して聞こえます。

見分け方

語幹の「ㄹ」が脱落した形が現れます。

<small>al   da   al   ulkkayo   alkkayo</small>
「알（다）→ 알 + 을까요？→ 알까요？」
（分かる ⇒ 分かる＋でしょうか → 分かるでしょうか）

<small>kol   da   kol   ulkeyo   kolkkeyo</small>
「걸（다）→ 걸 + 을게요 → 걸게요」（かける ⇒ かけ＋ます → かけます）

<small>himdul   da   himdul   ulkkayo   himdulkkayo</small>
「힘들（다）→ 힘들 + 을까요？→ 힘들까요？」
（大変だ ⇒ 大変＋でしょうか → 大変でしょうか）

3 ㅂ（p）型

聞こえ方

語幹の最後に「ㅂ」があると、「ㅂ」が「우」に変わります。そこにパッチム無語尾が続くので、「울 / 운」などに聞こえます。「좁다（chopta）（狭い）」「잡다（chapta）（つかむ）」など、そうならないものもあります。

見分け方

語幹の「ㅂ」が「우」に変わり、そこにパッチム無語尾がつくので、「울 / 운」などの形になります。「좁다（chopta）（狭い）」「잡다（chapta）（つかむ）」など、その対象ではないものもあります。

<small>mep   ta   mep   ulkkayo   meulkkayo</small>
「맵（다）→ 맵 + 을까요？→ 매울까요？」
（辛い ⇒ 辛い＋でしょうか → 辛いでしょうか）

「어렵（다）➡ 어렵 ＋ 은 것 ➡ 어려운 것」
_{oryop ta} _{oryop un got} _{oryoun got}
（難しい ⇒ 難しい＋こと → 難しいこと）

４ 人（s）型

聞こえ方

　語幹の最後に「ㅅ」があると、「ㅅ」が脱落してなくなり、後ろにパッチム有の語尾が聞こえます。ただし、「씻다（ssitta）（洗う）」は、対象外です。

見分け方

　語幹の「ㅅ」が脱落し、後ろにパッチム有の語尾がつきます。「씻다（ssitta）（洗う）」は、対象外です。

「낫（다）➡ 낫 ＋ 으려고 ➡ 나으려고」（治る ⇒ 治ろ＋うと → 治ろうと）
_{nat ta} _{nat uryogo} _{nauryogo}
「짓（다）➡ 짓 ＋ 을까요？ ➡ 지을까요？」
_{chit ta} _{chit ulkkayo} _{chiulkkayo}
（建てる ⇒ 建て＋ましょうか → 建てましょうか）

Ⅲ「습니다」系

使い方

　動詞・形容詞パッチム有語幹 ＋ 습니다（sumnida）
　動詞・形容詞パッチム無語幹 ＋ ㅂ니다（mnida）など

✎ 学習のポイント 8

　動詞・形容詞語幹に「ㅂ니다 / 습니다」の形をするものがつくと、ルール通りに聞こえません。

1 ㄹ（ㅣ）型

聞こえ方

語幹の最後に「ㄹ」があると、「ㄹ」が脱落して聞こえます。

見分け方

語幹の「ㄹ」が落ち、パッチム無語尾がつきます。

^{kol} ^{da} ^{kol} ^{pnida} ^{komnida}
「걸 （다）➡ 걸 ＋ ㅂ니다 ➡ 겁니다」（かける ⇒ かけ＋ます → かけます）

^{al} ^{da} ^{al} ^{nun saram} ^{anun} ^{saram}
「알 （다）➡ 알 ＋ 는 사람 ➡ 아는 사람」（分かる ⇒ 分かる＋人→知っている人）

^{pul} ^{da} ^{pul} ^{nun got} ^{punun} ^{got}
「불 （다）➡ 불 ＋ 는 곳 ➡ 부는 곳」（吹く ⇒ 吹く＋ところ→吹くところ）

コラム

韓国がよくわかる
KEYWORD
- 食文化編 -

ビビンパ

ピビンパ、ビビンバ、ピビンバップ、いろんな言い方がありますが、ローマ字発音で言うと、「비빔밥 pibimpap」が正解です。最後の「p」がどうしても残るので、パになったり、バになったり、バップになったりしますが、「p」で止めるのが正確な発音です。「비비다 pibida（混ぜる）＋ㅁ（名詞形語尾）＋밥 bap（ご飯）」で出来ている言葉です。

　さて、朝鮮半島では、古くから、食も陰陽五行の思想にのっとり、五味（甘、辛、酸、苦、塩）、五色（赤、緑、黄、白、黒）、五法（焼く、煮る、蒸す、炒める、生）をバランスよく献立に取り入れることを良しとしてきました。

　陰陽五行思想とは、中国の春秋戦国時代ごろに発生した陰陽思想と五行説が結び付いて生まれたもので、「陰陽思想」とは、全ての事象が「陰」と「陽」という相反する形（例えば明暗、天地、男女、善悪、吉凶など）で存在し、それぞれが消長をくりかえすと説く思想のことで、「五行思想」とは、万物が「木火土金水」という五つの要素により成り立っていると説く思想のことです。

　五行思想では、「相生」「相剋」というふうに、それぞれの要素同士が、お互いに影響を与え合うと、説きます。相生とは、相手の要素を補い、強める影響を与える関係のことで、相剋とは、相手の要素を抑え、弱める影響を与える関係のことを指します。

　それを踏まえると、「五行相生」は、「木は火を生じ、火は土を生じ、

土は金を生じ、金は水を生じ、水は木を生ずる」という循環に、「五行相剋」は、「水は火に勝（剋）ち、火は金に勝ち、金は木に勝ち、木は土に勝ち、土は水に勝つ」という循環となります。

つまり、木が燃えて火になり、火が燃えた後、灰（＝土）になり、土が集まって山となった場所から鉱物（金）が出、金が腐食して水に帰り、水が木を生長させることで、「木→火→土→金→水→木」の順に相手を強める影響をもたらすというのです。

それに対し、五行相剋は、水が火を消し、火が金を溶かし、金でできた刃物が木を切り倒し、木が土を押しのけて生長し、土が水の流れをせき止めることで、「水→火→金→木→土→水」の順に相手を弱める影響をもたらすと言います。一方、五行では、東が青、西が白、南が赤、北が黒、そして中央が黄色となります。

비빔밥は、奇しくも、その陰陽五行の思想をほぼ完ぺきに満たしている食べ物です。五味も、五色も、五法も、すべて満たしています。しかし、元はと言えば、비빔밥は、残飯処理用の食べ方でした。

あまり食べ物が豊かでなかった頃、（1970年代まででしょうか）慢性的な米不足で、麦と米、5対5は贅沢な方の雑穀ご飯や、アメリカの無償援助で入ってくる小麦粉で作ったすいとん、乾麺などに頼っていた頃、食べ残しの冷たいご飯や食べ残しのおかず、これを大きなボールに入れ、そこに、ごま油を一滴、（それ以上入れると親に叱られます。かなり高価なものでした）それから、コチュジャンを入れて、混ぜて、家族がスプーンだけを持って全員集合する、というような食べ物だったのです。

それがいつのまにか、立派なメニューのひとつです、みたいな顔を
して現れるものですから、びっくりです。お前、いつから、市民権を
得たんだ？

　韓国に旅行に行って、食堂に入ってご飯を食べていると、お店のお
ばさんにダメ出しをされることがあります。

　きれいに盛られて出されると、日本人からすると、ぐちゃぐちゃに
かき混ぜて食べる、そんな勇気は、あまり出ません。そこで、大人し
く少しずつ崩しながら食べていると、お店のおばさんが現れ、だめだめ、
と言いながら、具の形が分からなくなるくらい、猛烈な勢いでかき混
ぜます。それから、原型が分からなくなってしまったものを、どんと
目の前に置き、ほら、これだよ、と言わんばかりに、食べろと言います。

　見た感じ、お好み焼き？ チヂミ？ ご飯粒が見えるけど、これ、何？っ
て感じです。お節介と言うか、親切と言うか。ま、食べ出すと美味し
いんですけどね。

チヂミ、ジョン

韓国人は、雨の日になると、チヂミを食べたくなる、とよく言います。雨の音と、チヂミを焼く音が似ていることや、昔は雨で農作業ができない時、チヂミを食べ、マッコリを飲みながら、暇つぶしをしたことがその由来だと言いますが、どこまでが本当なのかは、分かりません。

本来、지짐이 chijimi が標準語ですが、あまり使われず、ソウル地方では、チヂミのことを、プチムゲ부침개、または、ジョン전と言います。

日本語で、チヂミと言うのは、おそらく、慶尚道方言でよく使われていた、지짐 chijim、지짐이 chijimi が伝わり、その発音が定着したものなのだろうと思います。

チヂミは、正確に言うと、油で焼いた食べ物の総称を指す言葉です。ですから、具に何を入れるかで、種類は、かなり広がります。韓国では、ニラ、ネギ、ジャガイモ、サツマイモ、豆腐、肉、魚の白身、かに玉、アスパラガス、ズッキーニ、イカ、タコなどが、よく使われます。例えば、パジョンというのは、파パ（ネギ）＋전ジョン（チヂミ）のことで、ネギチヂミということになります。

形も、丸い物から四角いものまで、長方形もあれば、正方形のものもあります。大きさも、フライパンくらいのものから、一口サイズまで、いろんなものがあります。各家庭によって、作られる大きさや形が異なることも、よくあります。

チヂミは、基本的に、ソルラルやチュソックのような名節や祭事、

還暦や古希のパーティーなど、何か特別な時に食べるもの、という認識が強いです。なので、チヂミに対する反応は、男女で大きく分かれます。お嫁さんやお母さんたちは、そういうパーティーとかになると、ほぼ一日中、キッチンでチヂミを焼くので、油の匂いを嗅ぐだけで吐きそうと言い、男性陣は、久しぶりに腹いっぱいチヂミを食べられるので、匂いを嗅ぐだけで、よだれが出てきます。

　チヂミを焼いたことがある人は分かると思いますが、下ごしらえが、意外と大変です。なのに、男性陣は食べるだけ？　女性たちは怒り心頭です。さすがに最近は、かなりの割合で、男性陣がチヂミを焼くことを担当するようになりました。というより、最近では、もう作らない、という家庭が増えてきました。

キムジャン

　キムジャンとは、白菜などが採れなくなる冬場に備え、初冬、家族が集まってキムチを大量に漬ける風習のことを言います。漬けたキムチは、翌年野菜の初物が出てくる3月頃まで食べ続けます。近所や親戚にお裾分けすることもよくあります。今は年中、野菜が採れるので、昔ほど大量には漬けなくなりましたが、田舎など、大量のキムチを保管する空間的な余裕があるところでは、未だに大勢が集まり、キムジャンをやります。お金がかかるので、一昔前までは、会社から、キムジャンボーナスが支給されることもありました。

　キムジャンは、2013年ユネスコ無形文化遺産にも登録されています。無形文化遺産とは、ユネスコ（国際連合教育科学文化機関）が取り組む遺産事業の一つとして、芸能や伝統工芸技術など〝形のない文化〟を対象とし、認定・登録を行うもので、後世にそれらを残すことを目的とします。世界遺産もユネスコの遺産事業の一つですが、こちらは姫路城や富士山など、〝建築物〟や〝自然〟など〝有形のもの〟を対象とするところが違います。現在、無形文化遺産には、土地の歴史や生活風習などと密接に関わる文化、281件が登録されており、日本では、「歌舞伎」や「能楽」などが登録されています。

　ユネスコは、キムジャンの無形文化遺産認定の理由として、「韓国人の日常生活で世代を継いで伝えられたキムジャンは、韓国人に隣人との分かち合いの精神を実践させ、連帯感や所属感を深めてきた」と評

価しました。食に関する無形文化遺産としては、キムジャン以外にも、「フランスの美食術」、「スペイン・イタリア・ギリシャ・モロッコ４カ国の地中海料理」、「メキシコの伝統料理」、「トルコのケシケキ（麦がゆ）料理」、「和食：日本人の伝統的な食文化」などがあります。

　なくなってもおかしくないこの風習が今も続いている理由は、キムチの味のためです。キムチは、地域ごと、家庭ごと、味が違います。日本人が、みそ汁は、こうあるべきと考えている人がいるように、韓国では、キムチの味は、こうあるべきだと思う人がたくさんいます。そう思うお父さん、お母さんがいる限り、その味を忘れず、伝承したいという人がいる限り、キムジャンは、そう簡単になくならないと思います。

キムチ

　キムチというと、白菜のキムチを連想しますが、実は、キムチには、かなりの種類があります。

　もちろん、最もポピュラーなのは、白菜のキムチなので、普段、キムチというと、それを指すことが多いのですが、何を漬けたキムチなのかを伝えたい場合は、次のように、主材料名をキムチの前につけて、言います。

「白菜배추＋キムチ김치→배추김치 pechukimchi」

「キュウリ오이＋キムチ김치→오이김치 oikimchi」

または、

「水물＋キムチ김치→물김치 mulkimchi」

　のように、漬け方の特徴で命名することもあります。ムルキムチは、大量の水に、野菜を少し入れて完成するので、そのような名前がつきました。

　中には、大根を主材料とする깍두기 kkaktugi やキュウリを主材料とする오이소박이 oisobagi のように、需要が多く、よく食べるものは、別の名前をつけて言うこともあります。基本的に、野菜であれば、すべてキムチにすることが出来、その種類は、200 種以上に上ります。

　私、個人的には、ムルキムチがお勧めです。唐辛子を入れたらピリッ

としますが、入れない漬け方もあるので、大根や白菜の葉っぱ、ネギだけで、シンプルであっさりとした味がして美味しいです。気温が下がってきたら、作るものなので、特に、冬場は、炭酸水代わりに飲むくらい、好きでした。これも、各家庭によって、または入れる食材によって、味が変わるので、意外に楽しめます。

　キムチに欠かせない唐辛子（고추）は、元々メキシコが原産です。1592年文禄・慶長の役の時に、秀吉の兵士たちが持ち込んだことで、朝鮮半島全域に広まりました。朝鮮半島に渡った唐辛子は、甘みを増したことで、朝鮮半島の人たちに好まれるようになり、現在の韓国料理に欠かせない食材となりました。

　今は、キムチは、専用の冷蔵庫で保存します。発酵に最適な温度で設定されており、急激な酸化を抑制し、長期間新鮮な状態を保たせてくれます。

配達

　韓国では、出前のことを「配達（배달 pedal）」と言います。日本でも定番のピザは言うまでもなく、中華料理、チキン、各種定食、肉、冷麺に至るまで、いつでも、どこにでも、持ってきてくれます。

　その中でも、中華料理、中華料理の中でも、チャジャンミョンは、定番中の定番で、海岸で磯釣りをしている人のところにも、海水浴場にも、畑のど真ん中にも、大学にも、留置所にも、どこにでも、注文さえ入れば、届けに行きます。

　磯釣りをしている人には、ロープで吊り下ろし、海水浴客には、パラソルの番号を聞き、河川敷の運動公園でたむろしている人たちには、木やベンチ、運動器具の場所などを特定し、届けます。かといって、出前料金を別途で取るかといったら、取りません。24時間、365日、出前に対応している店もたくさんあるので、どこにいても、何時になっても、気軽に頼めます。

　チャジャンミョンは、1日700万食食べられると言われるくらい、最もポピュラーな外食メニューで、国民食と言ってもよいくらい、子どもから大人まで全国民に愛されています。やや甘めの味で、価格が安く、1人前から、電話1本で家庭や職場に持ってきてもらえるので、大人気です。麺の上に黒いタレがかかっているので、初めて見る人は、これ、何だろうって、思います。韓国ドラマによく出て来る黒い麺、ずるずるすすりながら、食べるそれ、それがチャジャンミョンです。

中華料理をルーツとしながらも、オリジナル化しており、韓国以外では、食べられません。

　大学生の時、日本に来て、当たり前に食べられると思って、中華料理屋に入り、チャジャンミョンと言ったら、全然通じず、恥ずかしい思いをしたことを覚えています。

　しかし、なぜ、これほどにまで、出前が発達したでしょうか。また、なぜ、あれほどにまで、危険も省みず、どこにでも届けに向かうのでしょうか。

　1つ目は、やはり競争です。出前が出来ないとなったら、他所に取られるから、それが嫌で、やります。2つ目は、情熱です。「ここ、海なんだけど、さすがにここまでは持ってこれないよね」と言われたら、燃えます。

　「やってやろうじゃないか！　俺を誰だと思ってんだ！」

夜食

　夜食を食べる回数、毎日が5.9％、週2、3回が25.9％、週1回が21.3％、一月に2、3回が24.9％、一月に1回が8.0％、ほとんど食べないが14.0％です。

　週1回以上、夜食を食べる韓国人が、半分弱いるのです。月2、3回食べる人まで含めると、何と3/4くらいが夜食を食べています。その夜食を楽しむ人の実に8割近い人が選ぶのが、チキンです。その後を、37％強のラーメン、33％強のお菓子・パン、33％くらいの豚足やポッサムなどの豚肉、25％くらいがトッポッキやスンデなどの粉食、25％弱のピザが続きます。

　夜食を食べる理由ですが、男女ともに「特別な理由はない」が28％、「親睦のために」22％、「晩御飯の代わり」が17％、「夜勤や勉強の間食」が15％、と答えています。

　韓国人に人気の夜食メニューは、時代によって変わってきました。昔はメミルムク（蕎麦トコロテン）、餅、焼き芋などの素朴な食べ物が主流でしたが、その後、キムパップ、トッポッキ、スンデ（豚の腸詰め）、豚足、ポッサム（チャーシューのような豚肉を、白菜の浅漬け、ニンニク、サムジャンなどと一緒に食べる料理）などの韓国的なメニューが増えました。

　チキンやピザなども大変人気があり、特にチキンは、常に新しいソースが開発されていて、何度食べても飽きません。また、よく家で作っ

て食べる夜食といえば、ラーメンがあります。スープに卵やネギを入れ、麺を茹でたら、キムチを添えて食べます。

　なぜ、韓国人はこんなに夜食を食べるのでしょうか？　好まれる夜食のメニューには、共通点があります。ほとんどが一人では食べられない量ということです。つまり、皆で食べる、皆が集まった時に、何か小腹が空いたね、といい、頼むケースが多いのです。

　夜、食べるので、味も格別かもしれません。皆で突っつきながら、一日あったことを話し合い、笑いながら、その日を終えます。健康に悪いとか、太るとか…よく言われますが、それ以前に、精神的な健康が保たれるから、韓国の夜食って、いいのかもしれません。

第 5 章

名詞 + 助詞

この章では、「名詞類 + 助詞」の聞こえ方
を学びます。TOPIK I で出てくる助詞は、
基本的なものです。聞こえ方も、見分け方
も、比較的簡単です。

「이 / 가」名詞 + が

聞こえ方

「이」の前に、パッチムがある場合には、連音した音が聞こえます。話し言葉では、④、
⑤のように、省力形がよく使われます。

見分け方

パッチム有名詞には、「이」が、パッチム無名詞には、「가」がつきます。

---

① 「이 / 가」→「名詞 + が」

kiri   makyoyo
길이 막혀요 .   道が混んでいます。

kaduga   opsumnida
카드가 없습니다 .   クレジットカードがありません。

② 「이 / 가 되다」→「名詞 + になる」

kasuga   dwego sipoyo
가수가 되고 싶어요 .   歌手になりたいです

sonsengnimi   dwel kkoeyo
선생님이 될 거예요 .   先生になります。

③ 「이 / 가 아니에요 / 아닙니다」→「名詞 + ではありません / じゃないです」

ppangjjibi   anieyo
빵집이 아니에요 .   パン屋じゃないです。

ssuregiga   animnida
쓰레기가 아닙니다 .   ゴミではありません。

④ 「제가 / 내가」「네가」→「私が / 俺・僕が」「お前・君が」

chega   gagessmnida
제가 가겠습니다 .   私が行きます。

nega   halkkeyo
내가 할게요 .   俺がやります。

nega   mandurosso
네가 만들었어 ?   誰が作ったのですか？

💡「내가（俺が）」と「네가（お前が）」

非常に紛らわしい発音です。急に言われると、ネイティブも区別がつきません。その混乱を避けるために、「네가」を「니가（niga）」で言うことがよくあります。

⑤「이게 / 그게 / 저게」➡「これが / それが / あれが」

ige　je　gurimieyo
이게 제 그림이에요.　　　　　これが私の絵です。

kuge　onni　kuduyeyo
그게 언니 구두예요.　　　　　それがお姉ちゃんの靴です。

choge　mwoyeyo
저게 뭐예요?　　　　　　　　あれは、何ですか？

💡「이것이 → 이게」「그것이 → 그게」「저것이 → 저게」

書き言葉では、「이것이 / 그것이 / 저것이」と書きますが、話し言葉では縮約され、「이게 / 그게 / 저게」になります。

使い方

パッチム有名詞 **＋** 이（i）
パッチム無名詞 **＋** 가（ga）

ul　　rul
「을 / 를」名詞＋を　　　　🔊 track 013

聞こえ方

「을」の前に、パッチムがある場合には、連音した音が聞こえます。話し言葉では、⑧のように、省力形がよく使われます。

見分け方

パッチム有名詞には、「을」が、パッチム無名詞には、「를」がつきます。

① 「을 / 를」→「名詞＋を」

katun gosul gorusipsio
같은 것을 고르십시오 .

同じものを選んで下さい。

naljjarul allyo jumnida
날짜를 알려 줍니다 .

日付を知らせてくれます。

② 「을 / 를」→「名詞＋が（したい）」

iyagirul tutko sipoyo
이야기를 듣고 싶어요 .

話が聞きたいです。

tonul bakkugo sipsumnida
돈을 바꾸고 싶습니다 .

お金を替えたいです。

③ 「을 / 를」→「名詞＋が（できる）」

hangungmarul hal su issoyo
한국말을 할 수 있어요 .

韓国語ができます。

sinchongul hal su opsumnida
신청을 할 수 없습니다 .

申請ができません。

④ 「을 / 를」→「名詞＋に（会う）」

chingurul mannayo
친구를 만나요 .

友達に会います。

hwesa saramdurul mannamnida
회사 사람들을 만납니다 .

会社の人たちに会います。

⑤ 「을 / 를」→「名詞＋に（乗る）」

chihachorul tayo
지하철을 타요 .

地下鉄に乗ります。

appacharul tamnida
아빠 차를 탑니다 .

お父さんの車に乗ります。

⑥ 「을 / 를」→「が（分かる／分からない）」

ttusul morugessoyo
뜻을 모르겠어요 .

意味が分かりません。

iyurul algessumnida
이유를 알겠습니다 .

理由が分かります。

⑦ 「을 / 를」➡「が（好きだ／嫌いだ）」

- -

^{ramyonul joaheyo}
라면을 좋아해요 .　　　　　ラーメンが好きです

^{kongburul siroheyo}
공부를 싫어해요 .　　　　　勉強が嫌いです。

⑧ 「パッチム無名詞＋를」の省略形

- -

「나를→날（nal）（僕を）」　　　　　「저를→절（chol）（私を）」

「너를→널（nol）（あなたを）」　　　「얘를→얠（yel）（この子を）」

「걔를→걜（kel）（その子を」　　　　「쟤를→쟬（chel）（あの子を）」

「이것을→이걸（igol）（これを）」　　「그것을→그걸（kugol）（それを）」

「저것을→저걸（chogol）（あれを）」　「무엇을→뭘（mwol）（何を）」

「친구를→친굴（chingul）（友達を）」

使い方

パッチム有名詞 **＋** 을（ul）

パッチム無名詞 **＋** 를（rul）

「은 / 는」名詞＋は
^{un nun}

🔊 track 014

- -

聞こえ方

「은」の前に、パッチムがある場合には、連音した音が聞こえます。話し言葉では、②のように、省力形がよく使われます。

見分け方

パッチム有名詞には、「은」が、パッチム無名詞には、「는」がつきます。

① 「은 / 는」 ➡ 「名詞＋は」

namja osun odi issoyo
남자 옷은 어디 있어요 ?　　　　男性服は、どこにありますか？

chonun undongul joaheyo
저는 운동을 좋아해요 .　　　　私は運動が好きです。

② 「パッチム無名詞＋는」の省略形

「나는 → 난（nan）（僕は）」　　　「저는 → 전（chon）（私は）」

「너는→넌（non）（あなたは）」　　「얘는 → 앤（yen）（この子は）」

「걔는 → 갠（ken）（その子は）」　　「쟤는 → 쟨（chen）（あの子は）」

「이것은 → 이건（igon）（これは）」　「그것은 → 그건（kugon）（それは）」

「저것은 → 저건（chogon）（あれは）」　「무엇은 → 뭔（mwon）（何は）」

「친구는 → 친군（chingun）（友達は）」

使い方

パッチム有名詞 ＋ 은（un）

パッチム無名詞 ＋ 는（nun）

「에」名詞（場所・時間）＋に

🔊 track 015

聞こえ方

「에」の前に、パッチムがある場合には、連音した音が聞こえます。

見分け方

場所や時間、値段の意味を持つ名詞の後につきます。

① 「에」➡「名詞（場所・時間）＋に」

---

^{myotsie}　^{mannayo}
몇 시에 만나요 ?　　　　　　　何時に会いますか？

^{kohyange}　^{kal}　^{koyeyo}
고향에 갈 거예요 .　　　　　　地元（故郷）に行きます。

^{achime}　　^{chulbaramnida}
아침에 출발합니다 .　　　　　朝、出発します。

💡「내년(nenyon)（来年）」「다음 달(taum tal)（来月）」「오늘 아침(onul achim)（今朝）」「오전(ojon)（午前）」「오후（ohu）（午後）」「저녁（chonyok）（夕方）」「아침（achim）（朝）」などは、韓国語では、「에」をつけます。

② 「에」➡「名詞（値段）＋で」

---

^{kuchonwone}　　^{yonghwarul} ^{bol} ^{su} ^{issumnida}
구천 원에 영화를 볼 수 있습니다 .　9 千ウォンで映画が観れます。

^{igo}　　^{olmae}　　^{pasil}　^{koyeyo}
이거 , 얼마에 파실 거예요 ?　　これ、いくらで売りますか？

使い方

名詞（場所・時間・値段）＋ 에（e）

「한테」名詞（人間）＋に
^{hante}

🔊 track 016

聞こえ方

「한테」の「ㅎ」は、発音がばらばらで、「hante」と聞こえることも、「ante」と聞こえることも、あります。「ante」になる場合、連音した音が聞こえます。

見分け方

人間名詞の後につきます。

① 「한테」➡「名詞（人間）＋に」

nunahante　pyonjirul　ssoyo
누나한테 편지를 써요.　　　　　姉に手紙を書きます。

sonnimante　jumnida
손님한테 줍니다.　　　　　　　お客さんにあげます。

💡 同じ「人間名詞＋に」であっても、書き言葉の場合には、「에게（ege）」がよく使われます。

使い方

人間名詞 ＋ 한테（hante）

egeso
「에게서」名詞（人間）＋から

🔊 track 017

聞こえ方

人間名詞の後に聞こえます。

見分け方

人間名詞の後につきます。「에게서」は、主に書き言葉で、同じ意味を持つ「한테서（hanteso）」は、主に話し言葉で使います。

① 「에게서」➡「名詞（人間）＋から」

abojiegeso　　　　sopoga　watsumnida
아버지에게서 소포가 왔습니다.　　父から小包が来ました。

omoniegeso　　　padatsumnida
어머니에게서 받았습니다.　　　　母からもらいました。

使い方

人間名詞 ＋ 에게서 (egeso)

「에서」名詞（場所・空間）＋で / から

<small>eso</small>

聞こえ方

「에서」の前に、パッチムがある場合には、連音した音が聞こえます。

見分け方

名詞の後につきます。場所や空間のことを言いたい時に使います。

---

① 「에서」➡「名詞（場所・空間）＋で」

<small>chibeso　poryogoyo</small>
집에서 보려고요 .　　　　　家で見ようと思います。

<small>hangugeso　hyugarul　bonemnida</small>
한국에서 휴가를 보냅니다 .　韓国で休暇を過ごします。

② 「에서」➡「名詞（場所・空間）＋から」

<small>odieso　wassoyo</small>
어디에서 왔어요 ?　　　　　どこから来たのですか？

<small>hakkyoeso　kakkawoyo</small>
학교에서 가까워요 .　　　　学校から近いです。

<small>chingunun　migugeso　wassumnida</small>
친구는 미국에서 왔습니다 .　友達はアメリカから来ました。

使い方

名詞（場所・空間）＋ 에서 (eso)

「서」名詞（場所・空間）+で
_so_

場所・空間の意味を持つ名詞の後に出てきます。

場所・空間の意味を持つ名詞の後につきます。「에서」の省略形です。

① 「서」➡「名詞（場所・空間）＋で」

odiso _mannalkkayo_
어디서 만날까요？   どこで会いましょうか？

yogiso _chamkkanman gidariseyo_
여기서 잠깐만　기다리세요.   ここで少し待って下さい。

② 「에서」➡「名詞（場所・空間）＋から」

kogiso _yogikkaji_ _olmana_
거기서 여기까지 얼마나   そこからここまでどのくらいかかりま
gollyoyo   すか？
걸려요？

名詞（場所・空間）＋ 서（so）

「부터」名詞・副詞＋から
puto

時間や順番の意味を持つ名詞の後に、現れます。前にパッチム「ㄱ / ㄷ / ㅂ」があれば、
「pputo」に聞こえ、母音や「ㅇ / ㄴ / ㅁ」があれば、「buto」に聞こえます。

見分け方

名詞の後につきます。何かの始まりであることを言いたい時に使います。

① 「부터」 ➡ 「名詞・副詞＋から」

hansiputo　　tasotsikkaji　　itssossoyo
한 시부터 다섯 시까지 있었어요 . 　　1 時から 5 時までいました。

choumbuto　　kachi　hennundeyo
처음부터 같이 했는데요 . 　　最初から一緒にやったんですけど。

iljjikputo　　wa issossumnida
일찍부터 와 있었습니다 . 　　早くから来ていました。

使い方

名詞・副詞 **＋** 부터（puto）

kkaji
「까지」名詞（場所・時間）・副詞＋まで

◀)) track 021

聞こえ方

母音などに挟まれても濁りません。「kkaji」に聞こえます。

見分け方

場所や時間の意味を持つ名詞の後につきます。

① 「까지」 ➡ 「名詞（場所・時間）・副詞＋まで」

odikkaji　　kaseyo
어디까지 가세요 ? 　　どこまで行きますか？

yoltusikkaji　　issul　　　koeyo
12（열두）시까지 있을 거예요 . 　　12 時までいるつもりです。

pamnutkekkaji iyagihetssumnida	
밤 늦게까지 이야기했습니다 .	夜遅くまで話しました。

使い方

名詞 (場所・時間)・副詞 **+** 까지 (kkaji)

「로 / 으로」 名詞 (手段・方法・材料／方角)+で／へ (に)   🔊 track 022

^{ro   uro}

聞こえ方

「으로」 の前に、パッチムがある場合には、連音した音が聞こえます。

見分け方

パッチム有名詞には「 으로」 が、パッチム無名詞・「ㄹ」 語幹名詞には、「로」 がつきます。

---

① 「로 / 으로」 ➡ 「名詞 (手段・方法・材料)+で」
- -

intonesuro   yeyakessoyo
인터넷으로 예약했어요 .　　　　　インターネットで予約しました。

chihachollo   kayo
지하철로 가요 .　　　　　　　　　地下鉄で行きます。

hanguktonuro   bwakkwo juseyo
한국돈으로 바꿔 주세요 .　　　　　韓国のお金に替えて下さい。

② 「로 / 으로」 ➡ 「名詞 (方角)+へ (に)」
- -

hanguktehaguro   ka   juseyo
한국대학으로 가 주세요 .　　　　　韓国大学 (大学名)へ行って下さい。

hyuganun   hanguguro   gayo
휴가는 한국으로 가요 .　　　　　　休暇は、韓国へ行きます。

使い方

パッチム有名詞・ㄹパッチム名詞 ＋ 로（ro）

パッチム無名詞 ＋ 으로（uro）

「와 / 과」名詞＋と
wa   gwa

🔊 track 023

聞こえ方

「와」の前に、パッチムがある場合には、連音した音が聞こえます。「과」は、母音や「ㄱ / ㄴ / ㅁ」に挟まれると濁って「gwa」に聞こえます。

見分け方

パッチム有名詞には、「과」が、パッチム無名詞には、「와」がつきます。

① 「와 / 과」➡「名詞＋と」

chowa kachi issumnida
저와 같이 있습니다.   私と一緒にいます。

sigangwa donul ssumnida
시간과 돈을 씁니다.   時間とお金を使います。

使い方

パッチム有名詞 ＋ 과（gwa）

パッチム無名詞 ＋ 와（wa）

「하고」名詞＋と
^{hago}

聞こえ方

「하고」の「ㅎ」は、発音がばらばらで、「hago」と聞こえることも、「ago」と聞こえることも、あります。「ago」になると、連音した音が聞こえます。前に、パッチム「ㄱ / ㄷ / ㅂ / ㅈ」があると、「ㅋ / ㅌ / ㅍ / ㅊ」に聞こえます。

見分け方

名詞の後に出てきます。

---

① 「하고」⇒「名詞＋と」

^{onulhago} ^{neil} ^{gayo}
오늘하고 내일 가요 .　　　今日と明日、行きます。

^{kajokago} ^{ponemnida}
가족하고 보냅니다 .　　　家族と過ごします。

^{papago} ^{gugul} ^{mogoyo}
밥하고 국을 먹어요 .　　　ご飯とスープを食べます。

💡 「와 / 과」と「하고」は、同じ意味です。「와 / 과」は、主に書き言葉で、「하고」は、主に話し言葉で使います。

使い方

名詞 **＋** 하고（hago）

「도」名詞・助詞＋も
^{to}

聞こえ方

前に、パッチム「ㄱ / ㄷ / ㅂ」があれば、「tto」に聞こえます。母音やパッチム「ㅇ / ㄴ / ㅁ / ㄹ」があれば、「do」に聞こえます。

見分け方

名詞や助詞の後にきます。

① 「도」 ⇒ 「名詞・助詞＋も」

- -

chado　manko　saramdo　mansumnida
차도 많고 사람도 많습니다 .　　車も多く、人も多いです。

koriedo　　　nuni　omnida
거리에도 눈이 옵니다 .　　街にも雪が降ります。

ommahantedo　　jwossoyo
엄마한테도 줬어요 .　　お母さんにもあげました。

sigando　　tondo　opsoyo
시간도 돈도 없어요 .　　時間もお金もないです。

② 「도 아니다」 ➡ 「名詞＋でもない」

- -

chodo　anieyo
저도 아니에요 .　　私でもありません。

che　chegimdo　animnida
제 책임도 아닙니다 .　　私の責任でもありません。

使い方

名詞 ＋ 도 (to)

---

poda
「보다」 名詞＋より　　🔊 track 026

- -

聞こえ方

前に、パッチム「ㄱ / ㄷ / ㅂ」があれば、「ppoda」に聞こえます。母音やパッチム「ㅇ / ㄴ / ㅁ / ㄹ」があれば、「boda」に聞こえます。

名詞の後に出てきます。

---

① 「보다」➡「名詞＋より」

- -

choboda naayo
저보다 나아요 .　　　　　　　　私より上です（優れています）。

changnyonboda natsumnida
작년보다 낫습니다 .　　　　　　昨年よりいいです。

onniboda kiga kumnida
언니보다 키가 큽니다 .　　　　　姉より背が高いです。

使い方

　名詞 ＋ 보다（poda）

「만」名詞・助詞＋だけ
man

🔊 track 027

- -

聞こえ方

　名詞や助詞の後に出てきます。前のパッチムが「ㄱ / ㄷ / ㅂ」の場合は、「ㅇ / ㄴ / ㅁ」に変わって聞こえます。「ㅇ / ㄴ / ㅁ」に聞こえたら、元からなのか、それとも、「ㄱ / ㄷ / ㅂ」が変わったものなのかを確認しなければなりません。

見分け方

　名詞や助詞の後につきます。限定の意味を言いたい時に使います。

---

① 「만」⇒「名詞・助詞＋だけ」

- -

chumareman wayo
주 말 에만 와요 .　　　　　　　週末にだけ、来ます。

naman kal komnida
나만 갈 겁니다 .　　　　　　私だけ、行くつもりです。

potongttenun jibeman itssumnida
보통 때는 집에만 있습니다 .　　普段は、家に（だけ）います。

mogul tteman choyongheyo
먹을 때만 조용해요 .　　　　　食べる時だけ、静かです。

使い方

名詞・助詞 ＋ 만（man）

「요」名詞・助詞・副詞・語尾＋です
yo

◀) track 028

聞こえ方

パッチムがある場合には、連音した音が聞こえます。

見分け方

すべての言葉、表現の後につきます。

「요 yo」は、ありとあらゆる言葉、表現につき、相手に敬意を表す働きをします。
「학교요 hakkyoyo（学校です）」は、丁寧に「学校」と答える時の言い方で、「학교예요 hakkyo　yeyo（学校です）」は、丁寧に「学校です」と答える時の言い方です。
「どこでやったの？→家です」の「家です」は、「집요 chibyo」「집이에요 chibieyo」の 2 つの言い方が可能で、「집요」は、「집 chip（家）」という答え方の敬語体、「집이에요」は、「집이다 chibida（家だ）」という答え方の敬語体です。それから、「집에서요 chibesoyo（家でです）」は、「집에서 chibeso（家で）」の敬語体になります。「집이요 chibiyo（家です）」という人がいますが、「집요」の間違いです。
「요」は、改まった言い方、公の場、硬い雰囲気などには、似合いません。上下関係を重視する場面で使うと、怒られることもあります。
「요」は、とにかく最後につければよい、というオチに使われることも多く、「こいつ、ずっと俺にため口でしゃべるな」と思わせておいて、最後に「요」をつけ、面食らわせる場面などは、韓国ドラマなどでよく使われます。

① 「名詞＋요」➡「名詞＋です」

_{kyoronsigi}   _{myot sijiyo}
A: 결혼식이 몇 시지요 ?   結婚式は何時でしたっけ？

_{ilgop}   _{siyo}
B: 일곱 시요 .   7 時です。

_{chigum mwo mogoyo}
A: 지금 뭐 먹어요 ?   今、何を食べていますか？

_{kimpabyo}
B: 김밥요 .   キムパップです。

② 「助詞＋요」➡「助詞＋です」

_{neil}   _{mworo} _{wayo}
A: 내일 뭐로 와요 ?   明日何で来ますか？

_{chihacholloyo}
B: 지하철로요 .   地下鉄でです。

_{nuguhago}   _{kal} _{koeyo}
A: 누구하고 갈 거예요 ?   誰と行くつもりですか？

_{oppahagoyo}
B: 오빠하고요 .   兄とです。

③ 「副詞＋요」➡「副詞＋です」

_{mani}   _{kidaryossoyo}
A: 많이 기다렸어요 ?   かなり待ちましたか？

_{chogumyo}
B: 조금요 .   少しです。

_{chamkkanmanyo}
A: 잠깐만요 .   ちょっと待って下さい。

_{weguroseyo}
B: 왜 그러세요 ?   どうしたのですか？

④ 「語尾＋요」➡「語尾＋です」

_{mwoga maume}   _{duseyo}
A: 뭐가 마음에 드세요 ?   何が気に入りましたか？

_{ne}   _{pangi} _{nolbosoyo}
B: 네 , 방이 넓어서요 .   はい、部屋が広くてです。

A: 어디가 아파서 오셨어요 ?
odiga apaso osyossoyo

どこが痛くて来られたのですか？

B: 머리가 아파서요 .
moriga apasoyo

頭が痛くてです。

使い方

名詞・副詞・助詞・語尾 ＋ 요（yo）

「처럼」 名詞＋のように / みたいに
chorom

🔊 track 029

聞こえ方

名詞の後に出てきます。

見分け方

名詞の後につけ、「のように」「みたいに」と言いたい時に使います。

① 「처럼」 ➡ 「名詞＋のように / みたいに」

새처럼 날아 갔어요 .
sechorom nara gassoyo

鳥みたいに飛んでいきました。

안 올 것처럼 이야기했어요 .
a nol kotchorom iyagihessoyo

来ないかのように、言っていました。

야구선수처럼 공을 던져요 .
yagusonsuchorom kongul donjyoyo

野球選手みたいに、ボールを投げます。

使い方

名詞 ＋ 처럼 （chorom）

「마다」 名詞＋ごとに / によって

mada

◀)) track 030

聞こえ方

前に、パッチム「ㄱ / ㄷ / ㅂ」がある時は、「ㅇ / ㄴ / ㅁ」に変わって聞こえます。

見分け方

名詞の後につけ、「ごとに」「によって」と言いたい時に使います。

① 「마다」➡「名詞＋ごとに / によって」

sarammada　da　dallayo 사람마다 다 달라요 .	人によってみんな違います。
nalmada　piga　omnida 날마다 비가 옵니다 .	毎日雨が降ります。
chumalmada　nollo　ganun　got 주말마다 놀러 가는 곳 .	毎週末、遊びに行くところ
inyonmada　komsarul　padayo 2 년마다 검사를 받아요 .	2 年ごとに検査を受けます。

使い方

名詞 ＋ 마다（mada）

「대로」 名詞・動詞＋通りに

dero

◀)) track 031

聞こえ方

動詞につく時は、濁って「dero」に聞こえます。前に、パッチム「ㄱ / ㄷ / ㅂ」が来たら、「ttero」に聞こえます。

見分け方

「은 대로」は、動詞パッチム有語幹に、「ㄴ 대로」は、パッチム無語幹につきます。「는

「대로」は、動詞語幹につきます。名詞につける時には、「대로」を使います。意味は、「通りに」です。

① 「대로」➡「名詞＋通りに」

sunsodero matke nayoran got
순서대로 맞게 나열한 것 　　　　順番通り正しく並べたもの

ne jisidero haseyo
내 지시대로 하세요. 　　　　私の指示通りにして下さい。

kyuchiktero heya hamnida
규칙대로 해야 합니다. 　　　　規則通りにしなければなりません。

② 「ㄴ 대로 / 은 대로」「는 대로」➡「動詞＋通りに」

nega maran dero haseyo
내가 말한 대로 하세요. 　　　　私が言ったとおりにしてください。

turun dero hamyon dweyo
들은 대로 하면 돼요. 　　　　聞いたとおりにやればいいのです。

parasinun dero he durigetsumnida
바라시는 대로 해 드리겠습니다. 　　　　お望みどおりにしてあげましょう。

tallanun dero ta jwossoyo
달라는 대로 다 줬어요. 　　　　言われたとおり、全部あげました。

③ 「는 대로」➡「動詞＋次第」

tochakanun dero paro chonwa juseyo
도착하는 대로 바로 전화 주세요. 　　　　着き次第、すぐ電話下さい。

yogieso naganun dero teksirul
여기에서 나가는 대로 택시를
taseyo
타세요. 　　　　ここから出次第、タクシーに乗って下さい。

使い方

名詞 ＋ 대로（dero）

動詞パッチム有語幹 ＋ 은 대로（un dero）

動詞パッチム無語幹 ＋ ㄴ 대로（n dero）

第 **6** 章
現在・過去・未来の終止形・疑問形・命令形

この章では、現在・過去・未来の終止形、疑問形、命令形のうち、TOPIK Ⅰ レベルのものを学びます。

「ㅂ니다 / 습니다」動詞＋ます / 形容詞＋です

mnida　sumnida

🔊 track 032

聞こえ方

　パッチム「ㅂ」が「m」に聞こえます。パッチムの有無でつき方が変わる語尾なので、不規則活用をすることがあります。その場合、ルール通りに聞こえないため、動詞・形容詞の最初を聞き取ることが重要です。

見分け方

　パッチムの有語幹には「습니다」が、パッチム無語幹には「ㅂ니다」がつきます。パッチムの有無でつき方が変わる語尾なので、不規則活用をすることがあります。

① 「ㅂ니다 / 습니다」➡「動詞・形容詞・있다 / 없다・이다＋ます / です」

meirul　bonemnida
메일을 보냅니다 .　　　　　メールを送ります。

tongsengi　issumnida
동생이 있습니다 .　　　　　弟（妹）がいます。

suobul　tunnun gosi　chotsumnida
수업을 듣는 것이 좋습니다 .　　授業を受けた方がいいです。

chonwarul　komnida
전화를 겁니다 .　　　　　　電話をかけます。

kopiga　damnida
커피가 답니다 .　　　　　　コーヒーが甘いです。

💡 「ㅂ니다（mnida）/ 습니다（sumnida）」と「아요（ayo）/ 어요（oyo）」

📖 解説　「〜아 / 어（요）」は、柔らかい言い方、「〜ㅂ니다 / 습니다」は、硬い言い方の表現です。「〜아요 / 어요」は、くだけた言い方をしてもいい人、または、その言い方をしても許される場面で使われ、「〜ㅂ니다 / 습니다」は、そういう言い方をすると失礼の人に、またそういう言い方をするとまずい場面で、使われます。

息子：omma　uri　onje　kayo
엄마 , 우리 언제 가요 ?　　　お母さん、私たち、いつ行くの？

母：neil　gal koya
내일 갈 거야 .　　　　　　明日行くよ。

先輩：nonun ottoke　haryogo
너는 어떻게 하려고 ?　　　お前は、どうしようとしているの？

後輩：저는 안 해요.
_{chonun an heyo}
　　私はやりません。

記者：출발이 언젭니까?
_{chulbari onjemnikka}
　　出発はいつですか？

広報の人：저희는 오늘 출발합니다.
_{choinun onul chulbaramnida}
　　私たちは今日出発します。

社長：자네, 부서가 어디야?
_{chane pusoga odiya}
　　君、部署はどこだ？

社員：네. 영업부입니다.
_{ne yongoppuimnida}
　　はい、営業部です。

韓国語の文末表現は、「요」で終わるものと、「ㅂ니다」系で終わるものと、2つあります。これは、丁寧度ではなく、用途の違いです。「요」は、柔らかい言い方をしてもいい相手に、「ㅂ니다」は、柔らかい言い方をすると失礼な相手に主に使います。

例えば、孫と祖父との朝の挨拶は、柔らかい言い方をしてもいい関係なので、朝の挨拶で、「할아버지 안녕히 주무셨어요? haraboji annyoni jumusyossoyo（お爺ちゃん、おはよう）」と言います。2つの違いが丁寧度の表われだったら、絶対敬語を使う韓国語では、「할아버지 안녕히 주무셨습니까? haraboji annnyoi jumusyossumnikka（お祖父さん、おはようございます）」と言わなければなりません。実のおじいちゃんに、こんな言い方をしたら、他人行儀みたいだねと言われます。

使い方

動詞・形容詞・있다/없다パッチム有語幹 ＋ 습니다（sumnida）
動詞・形容詞・이다パッチム無語幹 ＋ ㅂ니다（mnida）

「ㅂ니까？ / 습니까？」動詞＋ますか／形容詞＋ですか
_{umikka sumnikka}
🔊 track 033

聞こえ方

パッチム「ㅂ」が「m」に聞こえます。パッチムの有無でつき方が変わる語尾なので、不規則活用をすることがあります。その場合、ルール通りに聞こえないため、動詞・形容詞の最初を聞き取ることが重要です。

パッチム有語幹には「습니까?」が、パッチム無語幹には「ㅂ니까?」がつきます。

---

① 「ㅂ니까?/ 습니까?」⇒「動詞・形容詞・있다 / 없다・이다＋ますか / ですか」

onjekkajiimnikka
언제까지입니까?　　　　　　　　　いつまでですか？

ibon　tare　hamnikka
이번 달에 합니까?　　　　　　　　　今月にやるのですか？

sinchonghal su issumikka
신청할 수 있습니까?　　　　　　　申請することができますか？

chuso　amnikka
주소 압니까?　　　　　　　　　　　住所、知っていますか？

使い方

動詞・形容詞・있다 / 없다パッチム有語幹 ＋ 습니까?（sumnikka）

動詞・形容詞・이다パッチム無語幹 ＋ ㅂ니까?（mnikka）

---

ayo　oyo
「아요 / 어요」動詞・있다 ＋ます / 形容詞・없다 ＋です　　◀) track 034

聞こえ方

　パッチムがある場合には、連音した音が聞こえます。「아요 / 어요」は、多くの不規則活用を起こします。TOPIK Ⅰレベルの中にも、対象となる言葉がたくさんあります。動詞・形容詞の冒頭をしっかり聞き取ることが重要です。

見分け方

　動詞・形容詞陽母音語幹には、「아요」が、陰母音語幹には、「어요」がつきます。多くの不規則活用を起こすので、その全貌をしっかり理解しておく必要があります。

① 「아요 / 어요 / 해요」➡「動詞＋ます」

chibeso　　bwayo
집에서 봐요 .

家で見ます。

yogienun　　　an　soyo
여기에는 안 서요 .

ここには止まりません。

umagul　　duroyo
음악을 들어요 .

音楽を聴きます。

irumul　　arayo
이름을 알아요 .

名前を知っています。

chonwabonorul　　mollayo
전화번호를 몰라요 .

電話番号を知りません。

② 「아요 / 어요 / 해요」➡「動詞＋しています」

chigum mwo heyo
지금 뭐 해요 ?

今、何をやっていますか？

chigum chinguhago　　iyagiheyo
지금 친구하고 이야기해요 .

今、友達と話しています。

③ 「아요 / 어요 / 해요」➡「動詞＋して下さい」

ppalli　wayo　　sigan　opsoyo
빨리 와요 . 시간 없어요 .

早く来て下さい。時間、ありません。

ollun　boryoyo
얼른 버려요 .

早く捨てて下さい。

④ 「아요 / 어요 / 해요」➡「動詞＋しましょう」

neil　suobeso　　　mannayo
내일 수업에서 만나요 .

明日、授業で会いましょう。

kachi　yonghwa bwayo
같이 영화 봐요 .

一緒に映画、観ましょう。

💡 ①～④は、文脈や主語、一緒に使われる言葉などによって変わります。②は、「지금」と一緒に使われることが多いです。③は、2人称主語の時に、④は、われわれ主語の時に使われます。「아요 / 어요」は、気心の知れた相手に使う言い方なので、そういう相手ではない場合には、②～④を同じ意味を持つ別の表現に変えて言います。

⑤ 「아요 / 어요 / 해요」→「形容詞＋です」

nalssiga dowoyo
날씨가 더워요 .　　　　　　　　天気が暑いです。

kkochi aju yeppoyo
꽃이 아주 예뻐요　　　　　　　　花がとても綺麗です。

kuduga jagayo
구두가 작아요　　　　　　　　　靴が小さいです。

⑥ 「아요 / 어요」→「있다 / 없다＋ます / です」

samgyopsari masissoyo
삼겹살이 맛있어요 .　　　　　　サムギョプサルが美味しいです。

umsigi madopsoyo
음식이 맛없어요 .　　　　　　　食べ物が美味しくない（不味い）です。

使い方

動詞・形容詞陽母音語幹 ＋ 아요（ayo）

動詞・形容詞陰母音語幹 ＋ 어요（oyo）

動詞・形容詞の「～하다」→「～해요（heyo）」

※陽母音とは、「아（a）/ 오（o）」のことです。陰母音とは、「아（a）/ 오（o）」以外の母音のことです。

---

jiyo
「지요」動詞・形容詞・있다 / 없다・이다＋でしょう / のですよ　🔊 track 035

聞こえ方

　前に、パッチム「ㅁ」が来ても、濁りません。「jjiyo」に聞こえます。母音やパッチム「ㄹ」があれば、濁って「jiyo」に聞こえます。

見分け方

　動詞・形容詞・있다 / 없다・이다の語幹につきます。相手と意識共有を図っていることを言いたい時に使います。話し言葉では、ほぼ「죠 jyo」になります。

① 「지요」➡「動詞・形容詞・있다 / 없다・이다＋でしょう」

yogi gyongchi jochiyo
여기 경치 좋지요 ?
ここ、景色、いいでしょう。

kopiga masissoso jaju ojiyo
커피가 맛있어서 자주 오지요 .
コーヒーが美味しいので、よく来るんで
すよ。

tedanan bunijiyo
대단한 분이지요 .
すごい方なのですよ。

pumonim chal gesijiyo
부모님 잘 계시지요 ?
ご両親、お元気でしょう？

siksa jal hasijiyo
식사 잘 하시지요 ?
お食事は、ちゃんと取っておられるで
しょう。

mani dousijyo
많이 더우시죠 ?
だいぶお暑いでしょう？

 「지요 (죠)」 と 「아요 / 어요」

 「지요 (죠)」 は、相手との意識共有を図りたい時に、「아요 / 어요」 は、単純に事実関係だ
けを述べる時に使います。

ku pyongwon chinjorajyo
그 병원 친절하죠 ?
その病院、親切でしょう？

ku pyongwon chinjoreyo
그 병원 친절해요 ?
その病院、親切ですか？

「친절하지요 ?」は、自分が持っている印象と、相手のそれが一致することを確認する
時に、「친절해요 ?」は、単純に親切なのかどうかを尋ねる時に使います。

palpyo onjejyo
발표 언제죠 ?
発表、いつでしたっけ？

palpyo onjeyeyo
발표 언제예요 ?
発表、いつですか？

「언제죠 ?」は、結果発表がお互いの関心事の時に、「언제예요 ?」は、単純に発表日を
聞く時に使います。

hangugo hal jjul arayo
한국어 할 줄 알아요 ?
韓国語、出来ますか？

hangogo hal jjul aljyo
한국어 할 줄 알죠 ?
韓国語、出来るんですよね？

「할 줄 알아요?」は、出来るかどうかの質問で、「할 줄 알죠?」は、当然出来るだろうという確認です。

_{kugon chega a nessoyo}
그건 제가 안 했어요.　　　　　　それは私がやっていません。
_{kugon chega an hetjyo}
그건 제가 안 했죠.　　　　　　　それは私がやっていませんよ。

「これもお前がやったのか」に対する返事だとすれば、普通「안 했어요」で答えます。「안 했죠」は、「あなたも気づいているだろうに」という気持ちが入っていることから、不服そうな態度の言い方となります。

> ### 使い方

動詞・形容詞・있다 / 없다・이다 ＋ 지요 (jiyo)

「_{yeyo}예요 / _{ieyo}이에요」名詞＋です

🔊 track 036

> ### 聞こえ方

前にパッチムがあれば、連音した音が聞こえます。

> ### 見分け方

名詞の後につきます。「です」と言う時に使います。

---

① 「예요 / 이에요」➡「名詞＋です」

_{murieyo}
물이에요?　　　　　　　　　　お水ですか？
_{igo olmayeyo}
이거 얼마예요?　　　　　　　　これ、いくらですか？
_{onurieyo}
오늘이에요.　　　　　　　　　　今日です。

💡 「얼마예요? olmayeyo（いくらですか）」「언제예요? onjeyeyo（いつですか」「어디예요? odiyeyo（どこですか）」「뭐예요? mwoyeyo（何ですか）」「누구예요? nuguyeyo（誰ですか）」は、ルール通りであれば、「예요 yeyo」ですが、「에요 eyo」と聞こえることもよくあります。

パッチム有名詞 **+** 이에요 (ieyo)
パッチム無名詞 **+** 예요 (yeyo)

「^{at}았 / ^{ot}었」動詞・形容詞・있다 / 없다 **+** た

🔊 track 037

聞こえ方

　パッチムがある場合には、連音した音が聞こえます。「았 / 었」は、「아 / 어」を含んでいるので、「아요 / 어요」と同じ不規則活用をします。TOPIK Ⅰレベルの中にも、対象となる言葉がたくさんあります。動詞・形容詞の冒頭をしっかり聞き取ることが重要です。

見分け方

　動詞・形容詞陽母音語幹には、「았어요 / 았습니다」が、陰母音語幹には、「었어요 / 었습니다」がつきます。多くの不規則活用を起こすので、その全貌をしっかり理解しておく必要があります。

① 「았어요 / 었어요 / 했어요」➡「動詞＋ました」
　　「았습니다 / 었습니다 / 했습니다」⇒「動詞＋ました」

choum wassoyo
처음 왔어요 .　　　　　　　　　初めて来ました。

chingudulgwa gachi siksarul hessoyo
친구들과 같이 식사를 했어요 .　友達と一緒に食事をしました。

ppangul mot sassoyo
빵을 못 샀어요 .　　　　　　　　パンを買えませんでした。

chega kuryossumnida
제가 그렸습니다 .　　　　　　　私が描きました。

chonenun mollassumnida
전에는 몰랐습니다 .　　　　　　以前は知りませんでした。

② 「았어요 / 었어요 / 했어요」 → 「形容詞 ＋ かったです / でした」
　 「았습니다 / 었습니다 / 했습니다」 → 「形容詞 ＋ かったです / でした」

oje　mani　apassoyo
어제 많이 아팠어요 .　　　　　　昨日かなり痛かったです。

soriga　kossoyo
소리가 컸어요 .　　　　　　　　音が大きかったです。

konganghessumnida
건강했습니다 .　　　　　　　　　健康でした。

nomu　kippossumnida
너무 기뻤습니다 .　　　　　　　すごく嬉しかったです。

③ 「었어요 / 었습니다」 → 「있다 / 없다 ＋ ました / かったです」

yonghwaga jemiissossoyo
영화가 재미있었어요 .　　　　　映画が面白かったです。

chibe　opsossumnida
집에 없었습니다 .　　　　　　　家にいませんでした。

動詞・形容詞陽母音語幹 ＋ 았어요 （assoyo） / 았습니다 （atsumnida）
動詞・形容詞陰母音語幹 ＋ 었어요 （ossoyo） / 었습니다 （otsumnida）
動詞・形容詞 「〜하다」 → 「〜했어요 （hessoyo） / 했습니다 （hetsumnida）

※陽母音とは、「아 （a） / 오 （o）」のことです。陰母音とは、「아 （a） / 오 （o）」以外の母音のことです。

yot　　iot
「였 / 이었」名詞 ＋ た

🔊)) track 038

聞こえ方

　パッチムがある場合には、連音した音が聞こえます。「였」は、「이 （다） ＋ 었」の縮約形です。パッチム有名詞には、「이었」が来ますが、パッチム無名詞には、「이었 / 였」両方、来ます。

見分け方

パッチム有名詞には、「이었」が、パッチム無名詞には、「이었 / 였」両方つきます。

---

① 「였어요 / 이었어요」 ➡ 「名詞＋でした」

---

che sengiriossoyo
제 생일이었어요 .　　　　　　　　私の誕生日でした。

igo　　mwoyossoyo
이거 뭐였어요 ?　　　　　　　　　これ、何でしたか？

② 「였습니다 / 이었습니다」 ➡ 「名詞＋でした」

---

ojenun　　iryoiriossumnida
어제는 일요일이었습니다 .　　　　　昨日は日曜日でした。

morunun　　jangsoyossumnida
모르는 장소였습니다 .　　　　　　　知らない場所でした。

hullyunghan hwesaiossumnida
훌륭한 회사이었습니다 .　　　　　　立派な会社でした。

使い方

パッチム有名詞 **+** 이었어요 （iossoyo）

パッチム無名詞 **+** 였어요 （yossoyo） / 이었어요 （iossoyo）

si　　usi
「시 / 으시」尊敬

🔊 track 039

聞こえ方

「으시」は、前にパッチムがある場合には、連音した音が聞こえます。パッチムの有無でつき方が変わるので、不規則活用をすることがあります。TOPIK Ⅰレベルの中にも、対象となる言葉があるので、注意しなければなりません。動詞・形容詞の冒頭をしっかり聞き取ることが重要です。また、他の言葉と合体して使われることがあるため、下記の②や③の聞こえ方を覚えておく必要があります。

見分け方

　パッチム有語幹には、「으시」が、パッチム無語幹には、「시」がつきます。相手に丁寧な言い方をする時に使います。

---

① 「시 / 으시」 ➡ 「動詞＋れる / られる」「形容詞＋尊敬」

- -

_{wa　jusigi　paramnida}
와 주시기 바랍니다 .　　　　　来ていただきますようお願いします。

_{onje　posil　koyeyo}
언제 보실 거예요 ?　　　　　いつ見られますか？

_{yogie　porisimyon　an dwemnida}
여기에 버리시면 안 됩니다 .　ここに捨てられたらいけません。

_{tousimyon　eokon　kyoseyo}
더우시면 에어컨 켜세요 .　　暑かったら、エアコン、つけて下さい。

② 「셨어요 / 으셨어요」 ➡ 「시 / 으시＋었＋어요」（されました）
　　「셨습니다 / 으셨습니다」 ➡ 「시 / 으시＋었＋습니다」

- -

_{siksa　hassyossoyo}
식사 하셨어요 ?　　　　　　食事、されましたか？

_{yeyakasyossumnikka}
예약하셨습니까 ?　　　　　予約されましたか？

_{osul　mani　sasyosumnida}
옷을 많이 사셨습니다 .　　洋服をたくさん買われました。

_{aju　yumyonghasyossoyo}
아주 유명하셨어요 .　　　とても有名でいらっしゃいました。

③ 「셔서 / 으셔서」 ➡ 「시 / 으시＋어서 ➡ 셔서 / 으셔서」
　　　　　（아 / 어서の尊敬）

- -

_{osyoso　poseyo}
오셔서 보세요 .　　　　　　いらして、見て下さい。

_{konganghasyoso　ansimimnida}
건강하셔서 안심입니다 .　お元気でいらっしゃるので、安心です。

_{anjusyoso　jamkkan swiseyo}
앉으셔서 잠깐 쉬세요 .　　お座りになって少し休んで下さい。

④ 「시겠습니다 / 으시겠습니다」 ➡ 「시 / 으시＋겠＋습니다」
　　「시겠습니까 ?/ 으시겠습니까 ?」 ➡ 「시 / 으시＋겠＋습니까 ?」
　　「시겠어요 / 으시겠어요」 ➡ 「시 / 으시＋겠＋어요」

- -

요즘 바쁘시겠어요 ?
yojum bappusigessoyo

最近、お忙しいんでしょう？

나중에 오시겠습니까 ?
najunge osigetssumnikka

後で（また）、来られますか？

즐거우셨겠습니다 .
chulgousyotgetsumnida

楽しいお時間だったでしょう。

使い方

動詞・形容詞・있다 / 없다パッチム有語幹 ＋ 으시（usi）

動詞・形容詞・이다パッチム無語幹 ＋ 시（si）

「십시오 / 으십시오」お＋動詞＋下さい（最上級尊敬命令）
sipsio   usipsio

◀)) track 040

聞こえ方

「으십시오」は、前にパッチムがある場合、連音して聞こえます。パッチムの有無でつき方が変わるので、不規則活用をします。TOPIK I レベルの中にも、対象となる言葉があるので、注意しなければなりません。文末で「sipsio」に気づいたら、言葉の冒頭をしっかり聞き取ることです。

見分け方

パッチム有語幹には、「으십시오」が、パッチム無語幹には、「십시오」がつきます。最上級に丁寧に言う時に使います。

① 「십시오 / 으십시오」➡「お＋動詞＋下さい」「ご＋名詞＋下さい」

꼭 연락 주십시오 .
kkok yollak chusipsio

ぜひご連絡下さい。

필요한 게 있으시면 부르십시오 .
piryohan ge issusimyon burusipsio

必要なものがあればお呼び下さいませ。

언제든지 저희한테 오십시오 .
onjedunji johihante osipsio

いつでも私たちのところにおいで下さいませ。

使い方

動詞パッチム有語幹 **+** 으십시오（usipsio）

動詞パッチム無語幹 **+** 십시오（sipsio）

「세요 / 으세요」2人称主語 **+** して下さい
seyo　useyo
2人称 /3人称主語 **+** 尊敬の「ます / です」

🔊 track 041

聞こえ方

　「으세요」は、前にパッチムがある場合には、連音した音が聞こえます。パッチムの有無でつき方が変わる語尾なので、不規則活用をすることがあります。ルール通りに聞こえないため、動詞・形容詞の最初を聞き取ることが重要です。

見分け方

　パッチム有動詞・形容詞語幹には、「으세요」が、パッチム無動詞・形容詞語幹には、「세요」がつきます。「시 / 으시 **+** 어요⇒셔요 / 으셔요」も使われますが、「세요 / 으세요」がはるかに一般的です。

① 「세요 / 으세요」➡ 「2人称 /3人称主語 **+** ます / です（尊敬)」

---

chigum mwo haseyo
지금 뭐 하세요? 　　　　　今、何をしていらっしゃいますか?

odiga　　　apuseyo
어디가 아프세요? 　　　　　どこが痛いのですか?

chigum odi　　saseyo
지금 어디 사세요?. 　　　　今、どこに住んでおられますか?

momi　an　jouseyo
몸이 안 좋으세요. 　　　　　体調がよくありません。

chigum hwei　　jungiseyo
지금 회의 중이세요. 　　　　今、会議中です。

sajangnimum　yaksogi　issuseyo
사장님은 약속이 있으세요. 　　社長は、約束があります。

pyollil opsuseyo
별일 없으세요?　　　　お変わりありませんか？

i tisyochunun ottoseyo
이 티셔츠는 어떠세요?　　このＴシャツは、いかがですか？

② 「세요 / 으세요」➡「2 人称＋して下さい」

- -

kurom puk swiseyo
그럼 푹 쉬세요.　　　　では、ゆっくりおくつろぎ下さい。

monjo kaseyo
먼저 가세요.　　　　先に行って下さい／お先にどうぞ。

kugollo juseyo
그걸로 주세요.　　　　それを下さい。

ijjoguro oseyo
이쪽으로 오세요.　　　こちらに来て下さい／こちらへどうぞ。

chamkkanmam kidariseyo
잠깐만 기다리세요.　　ちょっと待って下さい。

turooseyo
들어오세요.　　　　お入り下さい。

chilmunago sipusin bun haseyo
질문하고 싶으신 분 하세요.　ご質問の方、どうぞ。

③ 「세요 / 으세요」➡ あいさつ表現

- -

oso oseyo
어서 오세요　　　　いらっしゃいませ。

annyonghaseyo
안녕하세요　　　　おはようございます。／こんにちは。／こん
　　　　　　　　　　ばんは。

annyonghi kaseyo
안녕히 가세요　　　さようなら。／お気をつけて。

annyonghi keseyo
안녕히 계세요　　　失礼します。／お世話になりました。／お邪
　　　　　　　　　　魔しました。

annyonghi jumuseyo
안녕히 주무세요　　お休みなさい。

masitke tuseyo
맛있게 드세요　　　どうぞ、ごゆっくり。
　　　　　　　　　　（美味しく召し上がって下さい）
　　　　　　　　　　（料理を持ってきたお店の人が客に声をかける
　　　　　　　　　　時）

mani duseyo **많이 드세요**	（ホスト側が言う食への勧め）どうぞ。
puk swiseyo **푹 쉬세요**	ゆっくり休んで下さい。（休みを取る人、ハードワークをした人に声をかける時）
chamkkanman gidariseyo **잠깐만 기다리세요**	ちょっと待って下さい。
nuguseyo **누구세요?**	どちらさまですか？
malssumhaseyo **말씀하세요 .**	おっしゃって下さい。（発言してもいいと声をかける時）
chal danyo oseyo **잘 다녀오세요 .**	行ってらっしゃい。

💡 ③のあいさつ表現を、より丁寧に言う時には、下記のようになります。

어서 오세요 ➡ 어서 오십시오
            oso   osipsio

안녕하세요 ➡ 안녕하십니까?
            annyonghasimnikka

안녕히 가세요 ➡ 안녕히 가십시오 （残る人が去る人に）
            annyongi   kasipsio

안녕히 계세요 ➡ 안녕히 계십시오 （去る人が残る人に）
            annyongi   kesipsio

안녕히 주무세요 ➡ 안녕히 주무십시오
            annyongi   jumusipsio

맛있게 드세요 ➡ 맛있게 드십시오
            masitke   dusipsio

푹 쉬세요 ➡ 푹 쉬십시오
            puk   swisipsio

잠깐만 기다리세요 ➡ 잠깐만   기다리십시오
                chamkkanman   kidarisipsio

누구세요? ➡ 누구십니까?
            nugusimnikka

💡 「**아 / 어요**（a / oyo）」「**세요 / 으세요**（seyo / useyo）」

「아요 / 어요」は、見知らぬ他人に使うと、尊敬の「시 / 으시」が入っていない分、敬意が低く感じられます。身近な人に使った時にそういう気持ちにならないのは、気心の知れた間柄では、尊敬の意を求める必要がないからです。したがって、他人には、「아요 / 어요」

を避けて「세요 / 으세요」を使った方が、失礼にならないで済みます。一方、家族などの身近な
関係では、「아요 / 어요⇒세요 / 으세요」の順番に、尊敬度が上がります。

上司: siwonssi myotsie nagayo
시원 씨 , 몇 시에 나가요 ? シウォンさん、何時に出ますか？

部下: sesie nagal komnida
3 시에 나갈 겁니다 . 3 時に出るつもりです。

「나가요 ?」は、身近な関係にある部下に対して、丁寧な言い方として使われるものです。
同じ場面で、「나가세요 ?」とは言いません。尊敬度の高い表現を部下に使うのは、言い
過ぎだからです。一方、「나가요」と同じ尊敬度で、部下に対して、硬い言い方をする
場合は、「나갑니까 ?」と言います。

客: igo olmajyo
이거 얼마죠 ? これ、いくらですか？

店主: ne oma nocho nwonimnida
네 , 오만 오천 원입니다 . はい、5 万 5 千ウォンです。

客: oma nwone juseyo
오만 원에 주세요 . 5 万ウォンで、下さい。

他人同士の会話は、適切な尊敬度を取る必要があるので、「주세요」と言います。同じ
場面で、「줘요」と言うことは、あまりありません。言うとしたら、わざと馴れ馴れし
い言い方を使うことで親密度をアピールし、まけてもらったり、相手の店主が自分より
よほど若かったりする場合に限ります。

後輩: sonbe chigum mwoheyo
선배 , 지금 뭐 해요 ? 先輩、今、何をやっていますか？

先輩: ripotu ssun- unde
레포트 쓰는데 . レポート、書いているんだけど。

2 人が親密な関係であれば、「해요」と言います。少し距離がある場合には、「선배님 ,
지금 뭐 하세요 ？ (sonbenim chigum mwo haseyo)」と「님 (nim)（さん）」をつけ、「세요」
で尊敬度を上げます。「하십니까 ?」は、あまり使いません。言い過ぎだからです。使う
と、先輩のことを茶化す言い方となります。

子供: omma mani himduroyo
엄마 , 많이 힘들어요 ? ママ、だいぶきつい？

母親: ani kwenchana
아니 , 괜찮아 . いや、大丈夫だよ。

子供としては、ため口の「힘들어？」から、丁寧な「힘들어요？」、尊敬の「힘드세요？」まで、すべて言えます。小さい時には「힘들어？」が多く使われ、成長とともに、「힘들어요？」や「힘드세요？」が増えます。親に敬語を使うように教育する家庭では、「힘들어요？」「힘드세요？」が強調され、気にしない家庭では、3つの言い方を自由に使います。

 「ます / です」と「아요 / 어요」「세요 / 으세요」

> **解説** 「아요 / 어요」にも、相手への敬意を表す「요」があるので、基本的には、「ます / です」になります。しかし、尊敬の「시 / 으시」が入っていない分、敬意が感じられず、年下の人に使うと、「～してね」くらいの丁寧度になります。
>
> 「민수 씨 , 잘 가요（minsussi chal gayo）《ミンスさん、帰り、気を付けてね / 気をつけて帰ってね》」のような例です。したがって、相手に確実に丁寧に言いたい場合には、「세요 / 으세요」を使うのが無難です。韓国のドラマや映画から、この言い方がよく出て来るのは、その認識を反映しているからです。
>
> 「세요 / 으세요」に尊敬の「시 / 으시」が入っているからといって、「お～になる」「お～下さい」くらいの敬語かというと、そうではありません。「ます / です」より少しだけ丁寧だと思って下さい。

使い方

> 動詞・形容詞・있다 / 없다パッチム有語幹 ＋ 으세요（useyo）
> 動詞・形容詞・이다パッチム無語幹 ＋ 세요（seyo）

ket
「겠」1 人称主語＋動詞・있다＋ます（強い意志）
2 人称・3 人称主語＋動詞・形容詞・없다・이다＋でしょう（強い推量）

🔊 track 042

聞こえ方

前に、母音や「ㄹ」が来たら、濁って聞こえます。パッチム「ㅁ」の後では濁りません。

見分け方

動詞・形容詞語幹につきます。「시 / 으시（尊敬）＋겠습니다」「았 / 었（過去）＋겠어요」「시 / 으시＋었＋겠어요」のように、他のものと合体して使います。

① 「겠」→「1 人称主語・2 人称主語＋動詞・있다＋ます」（強い意志）

chal morugessumnida
잘 모르겠습니다 .　　　　　　　　よく分かりません。

chega monjo hagessumnida
제가 먼저 하겠습니다 .　　　　　　私が先にやります。

neil tto ogessumnida
내일 또 오겠습니다 .　　　　　　　明日また来ます。

yogienun chega itkessumnida
여기에는 제가 있겠습니다 .　　　　ここには、私がいます。

ku saram manna bosigessoyo
그 사람 만나 보시겠어요 ?　　　　あの人に会ってみますか？

② 「겠」→「2 人称・3 人称主語＋形容詞＋でしょう」（強い推量）

chaga opsoso bulpyonasigessoyo
차가 없어서 불편하시겠어요 ?　　　車がなくて不便でしょう？

kibun jousigessoyo
기분 좋으시겠어요 ?　　　　　　　お幸せでしょう / すっきりされたでしょう（気持ちがいいでしょう）。

neirun nalssiga malkkessumnida
내일은 날씨가 맑겠습니다 .　　　　明日は晴れるでしょう。

yori charasigessoyo
요리 잘하시겠어요 .　　　　　　　料理、（きっと）お上手なんでしょう。

puini hengbokasigessoyo
부인이 행복하시겠어요 ?　　　　　奥さんが、お幸せですね？

③ 「겠습니다」→ あいさつ表現

chal mokgetssumnida
잘 먹겠습니다 .　　　　　　　　　いただきます。

choum bwepketssumnida
처음 뵙겠습니다 .　　　　　　　　初めまして。

algetssumnida
알겠습니다 .　　　　　　　　　　分かりました。

kidarigetssumnida
기다리겠습니다 .　　　　　　　　お待ちします。

💡 「알겠습니다（algessumnida）」 と 「알았습니다（arassumnida）」

両方、日本語では「分かりました」です。「알겠습니다」は、相手の発言に強く同意する時に、「알았습니다」は、相手の話を受け入れる時に使います。

1人称主語 + 「겠어요 (gessoyo) (겠습니다)」「ㄹ / 을게요 (ulkeyo)」
「ㄹ / 을래요 (ulleyo)」「ㄹ / 을 거예요 (ulkoyeyo) (ㄹ / 을 겁니다)」

 「겠어요」は、強い意志、「ㄹ / 을게요」は、弱い意志、「ㄹ / 을　래요」は、一方的意志、「ㄹ / 을 거예요」は予定を表します。

kopinun　chega　sagessumnida
커피는 제가 사겠습니다 .　　　　コーヒーは、私が出します。

kopinun　chega　salkeyo
커피는 제가 살게요 .　　　　コーヒーは、私が出します。

kopinun　chega　salleyo
커피는 제가 살래요 .　　　　コーヒーは、私が出します。

kopinun　chega　sal　koyeyo
커피는 제가 살 거예요 .　　　　コーヒーは、私が出します。

「사겠습니다」は、自分が確たる意志を持っていることを、「살게요」は、そういう気持ちを持っていることを、「살래요」は、他は知らないけど、コーヒー代は出したいと考えていることを、「살 거예요」は、自分の中ではその予定になっていることを表します。

 3人称主語 + 「겠어요 (gessoyo)」「ㄹ / 을 거예요 (ulkoyeyo)」

 「겠어요」は強い推量、「ㄹ / 을 거예요」は話し手の漠然とした推量を表します。

i　jip　masikessoyo
이 집 맛있겠어요 .　　　　この店、美味しそうです。

i　jip　masissulkoyeyo
이 집 맛있을 거예요 .　　　　この店、美味しいと思いますよ。

「맛있겠어요」は、匂いや雰囲気などを踏まえ、美味しさを確信する時に、「맛있을 거예요」は、何となく予測をする時に使います。

neilbuto　pappusigessoyo
내일부터 바쁘시겠어요 ?　　　　明日からお忙しいんでしょ？

neilbuto　pappusil　koyeyo
내일부터 바쁘실 거예요 ? (✖)

「바쁘시겠어요 ?」は、何かの根拠をもとに、確実に推測する言い方です。「바쁘실 거예요 ?」は、「忙しい予定ですか」と聞く言い方なので使えません。

_{ku saram songgonghagessoyo}
그 사람 성공하겠어요 .　　　　　あの人、成功しますよ。

_{ku saram songgonghal koyeyo}
그 사람 성공할 거예요 .　　　　　あの人、成功すると思います。

「성공하겠어요」は、成功に値すると確信する時に、「성공할 거예요」は、多分そうなると予想する時に使います。

使い方

動詞・形容詞・있다 / 없다・이다語幹 ＋ 겠（ket）

「아야겠어요 / 어야겠어요」
_{ayagessoyo　　　　　oyagessoyo}
動詞・있다＋しなきゃだめです（絶対遂行）

🔊 track 043

聞こえ方

パッチムがある場合には、連音した音が聞こえます。「아 / 어」の形があるので、不規則活用をします。「a/oyagesso」に気づくことが出来たら、動詞・形容詞の冒頭をしっかり聞き取ることです。

見分け方

動詞陽母音語幹には、「아야겠어요」が、陰母音語幹には、「어야겠어요」がつきます。絶対そうするという強い意志を表したい時に使います。

① 「아야겠어요 / 어야겠어요」 → 「動詞・있다＋しなきゃだめです」

_{ije ka bwayagetsumnida}
이제 가 봐야겠습니다 .　　　　　もう行かなきゃだめです。

_{yosotsienun chulbalheyagessoyo}
여섯 시에는 출발해야겠어요 .　　　6 時には出発しないとまずいです。

_{chega hanbon danyowayagessoyo}
제가 한번 다녀와야겠어요 .　　　　私が一度行ってきます。

動詞陽母音語幹 **＋ 아야겠어요**（ayagessoyo）

動詞・있다陰母音語幹 **＋ 어야겠어요**（oyagessoyo）

※陽母音とは、「아 a / 오 o」のことです。陰母音とは、「아 a / 오 o」以外の母音のことです。

「ㄹ게요 / 을게요」1人称主語 ＋動詞・있다＋ます（弱い意志）　🔊 track 044

聞こえ方

　「을게요」は、前にパッチムがある場合には、連音した音が聞こえます。パッチムの有無でつき方が変わるので、不規則活用をすることがあります。TOPIK Ⅰレベルの中にも、対象となる言葉があるので、注意しなければなりません。動詞・形容詞の冒頭をしっかり聞き取ることが重要です。

見分け方

　パッチム有語幹には「을게요」が、パッチム無語幹には「ㄹ게요」がつきます。やんわりとした意志を言う時に使います。

---

① 「ㄹ게요 / 을게요」→「1人称主語＋動詞・있다＋ます」

monjo　kalkeyo
먼저 갈게요 .　　　　　　　先に行きます。（失礼します）

ichunge　issulkeyo
2 층에 있을게요 .　　　　　2階にいます。

chonun　igollo　halkeyo
저는 이걸로 할게요 .　　　　私は、これにします。

i　gabang　chega　dulkeyo
이 가방 , 제가 들게요 .　　　このバッグ、私が持ちます。

動詞・있다パッチム有語幹 **+** 을게요（ulkeyo）

動詞パッチム無語幹 **+** ㄹ게요（lkeyo）

lleyo ulleyo
「ㄹ래요 / 을래요」1人称主語＋動詞・있다＋ます（一方的意志）🔊) track 045

聞こえ方

　「을래요」は、前にパッチムがある場合には、連音した音が聞こえます。パッチムの有無でつき方が変わるので、不規則活用をすることがあります。TOPIK Ⅰ レベルの中にも、対象となる言葉があるので、注意しなければなりません。動詞・形容詞の冒頭をしっかり聞き取ることが重要です。

見分け方

　パッチム有語幹には「을래요」、パッチム無語幹には「ㄹ래요」がつきます。自分からの一方的な思いを語る表現として使われます。質問に使われると、相手の意図を聞き出す言い方となります。

① 「ㄹ래요 / 을래요」 ➡ 「1人称主語＋動詞・있다＋します」

ibonenun　honja　kalleyo
이번에는 혼자 갈래요 .　　　　今回は、一人で行きます。

chonun chijubogo　mogulleyo
저는 치즈버거 먹을래요 .　　　私はチーズバーガー、食べます。

ku　saramhago ije　an mannalleyo
그 사람　이제 안 만날래요 .　　その人ともう会いません。

hanguk turama　polleyo
한국 드라마 볼래요 .　　　　　韓国ドラマ、見ます。

② 「ㄹ래요？ / 을래요？」 ➡ 「2人称主語＋動詞・있다＋しますか」

onje　olleyo
언제 올래요 ?　　　　　　　　いつ、来ますか？

mwo mogulleyo
뭐 먹을래요? 　　　　　　　　　何、食べますか？

chamkkan swisilleyo
잠깐 쉬실래요? 　　　　　　　　少し休みますか？

chigum yollakasilleyo
지금 연락하실래요? 　　　　　　今、連絡されますか？

「ㄹ / 을까요?」(l / ulkkayo)」「ㄹ / 을래요?」(l / ulleyo)」

「～ㄹ / 을래요?」は、腹案を持ちながらも相手の意向や気持ち、出方などを聞く時に、
「～ㄹ / 을까요?」は、相手の判断を聞いて次の行動を決めたい時に使います。

kongbu kachi halleyo
공부 같이 할래요? 　　　　　　勉強、一緒にします？

kongbu kachi hallkkayo
공부 같이 할까요? 　　　　　　勉強、一緒にしましょうか？

「같이 할래요?」は、（俺はやると決めているけど）あなたはどうしますかと聞く時に、
「같이 할까요?」は、するのかどうかをあなたが決めて下さいと言う時に使います。

yoheng ottoke halleyo
여행 어떻게 할래요? 　　　　　旅行、どうしますか？

yoheng ottoke halkkayo
여행 어떻게 할까요? 　　　　　旅行、どうしましょうか？

「어떻게 할래요?」は、（多分私は行くけど）あなたの意見も一応聞きますねという時に、「어
떻게 할까요?」は、私はノープランなので、あなたが決めていいですよ、という気持ちの時に
使います。

musun yonghwa bolkkayo
무슨 영화 볼까요? 　　　　　　どんな映画を観ましょうか？

musun yonghwa bolleyo
무슨 영화 볼래요? 　　　　　　どんな映画を観ますか？

「볼래요?」は、腹案がありながら、相手の意図を聞く時に、「볼까요?」は、映画
の選択権を相手に委ねる時に使います。

3人称主語の「～ㄹ / 을까요?」は、完全推量の「（あの人は）～するでしょうか？」の意味
になります。「～ㄹ / 을래요?」は、3人称主語には使えません。

「시 / 으시겠어요？」（si / usigessoyo）「ㄹ / 을래요？」(l / ulleyo)

 解説 「시 / 으시겠어요？」は、相手の意志だけを確認したい時に、「ㄹ래요？/ 을래요？」は、腹案を持ちながら、なおかつ、相手の気持ちも確認したい時に使います。

使い方

動詞・있다パッチム有語幹 **＋** 을래요（ulleyo）

動詞パッチム無語幹 **＋** ㄹ래요（lleyo）

「ㄹ까요 ?/ 을까요 ？」
Ikkayo　　　ulkkayo

動詞・形容詞・있다・없다 / 이다＋しましょうか？ / でしょうか？

🔊 track 046

聞こえ方

「을까요？」は、前にパッチムがある場合には、連音した音が聞こえます。パッチムの有無でつき方が変わるので、不規則活用をします。TOPIK Ⅰレベルの中にも、対象となる言葉があるので、動詞・形容詞の冒頭をしっかり聞き取ることが重要です。

見分け方

パッチム有語幹には「을까요？」が、パッチム無語幹には「ㄹ까요？」がつきます。相手の判断を聞いて次へ進めたいと言う時に使います。

① 「ㄹ까요 ?/ 을까요 ？」➡「動詞・있다＋しましょうか？」

---

hwei　　sijakalkkayo
회의 시작할까요 ？　　　　　会議、始めましょうか？

misulgwan　galkkayo
미술관 갈까요 ？　　　　　　美術館、行きましょうか？

chega　unjonhalkkayo
제가 운전할까요 ？　　　　　私が運転しましょうか？

② 「ㄹ까요?/ 을까요?」 ➡ 「3 人称主語 ＋ 動詞・形容詞・있다 / 없다・이다 ＋ でしょうか?」

chigum jibe issulkkayo
지금 집에 있을까요 ?　　　　　　今、家にいるでしょうか？

igo   jemiopsulkkayo
이거 재미없을까요 ?　　　　　　これ、面白くないでしょうか？

neil pi olkkayo
내일 비 올까요 ?　　　　　　　　明日、雨、降るでしょうか？

kubun   kyoronhasyossulkkayo
그 분 결혼하셨을까요 ?　　　　　その方、結婚されているでしょうか？

使い方

動詞・形容詞・있다 / 없다パッチム有語幹 ＋ 을까요 （ulkayo）

動詞・形容詞・パッチム이다無語幹 ＋ ㄹ까요 （Ikayo）

「네요」 動詞・形容詞・있다 / 없다・이다 ＋ ね
neyo

🔊 track 047

聞こえ方

前の言葉に、パッチム「ㄱ / ㄷ / ㅂ」が来たら、「ㅇ / ㄴ / ㅁ」に変わって聞こえます。
文末に出て来る「neyo」に気づくことが出来たら、その前の発音に注意することです。

見分け方

動詞・形容詞・있다 / 없다・이다の語幹につき、感嘆、詠嘆の気持ちを表します。

① 「네요」 ➡ 「動詞・形容詞・있다 / 없다・이다 ＋ ですね / ますね」

yogi   cham jonneyo
여기 참 좋네요 .　　　　　　　ここ、本当にいいですね。

hanbon he bogo simneyo
한번 해 보고 싶네요 .　　　　　一度やってみたいですね。

kyongchiga arumdamneyo
경치가 아름답네요 .　　　　　　景色が綺麗ですね。

turamaga　chongmal　jemiinneyo
드라마가 정말　재미있네요.　　　ドラマが本当に面白いですね。

動詞・形容詞・있다 / 없다・이다語幹 **+** 네요（neyo）

ryogoyo　uryogoyo
「려고요 / 으려고요 」
動詞・있다 **+** しようと思う / する（実行段階の意図）　　◀)) track 048

聞こえ方

「으려고요」の前にパッチムがある場合には、連音して聞こえます。パッチムの有無
でつき方が変わるので、不規則活用をします。「ryogo」に気づくことが出来たら、動
詞の冒頭をしっかり聞き取ることです。

見分け方

パッチム有語幹には「으려고요」が、パッチム無語幹には「려고요」がつきます。意
図を聞いてくる相手への返事として、文末で使います。本来は、後ろに、自分が取った
行動が続きますが、それを省略し、「려고요 / 으려고요」で閉じます。

① 「려고요 / 으려고요」➡「動詞＋しようと思って（です）」

ripoturul　　　　　neryogoyo
리포트 (레포트) 를 내려고요.　　　レポートを出そうと思って（来たんです）

　「리포트（ripotu）」か「레포트（repotu）」か

　「리포트」が、標準発音となります。しかし、実際にはほとんど「레포트」と言います。

hanbon sso boryogoto
한번 써 보려고요.　　　　　一度書いてみようと思って（やっている
　　　　　　　　　　　　　　　のですよ）
intonesuro　　　yeyakaryogoyo
인터넷으로 예약하려고요.　　インターネットで予約しようと思って
　　　　　　　　　　　　　　　（調べているんですよ）

動詞・있다パッチム有語幹 **+** 으려고요（uryogoyo）

動詞パッチム無語幹 **+** 려고요（ryogoyo）

「漢字語名詞＋되다」漢字語動詞＋される / する tweda

🔊 track 049

聞こえ方

漢字語にパッチム「ㄱ / ㄷ / ㅂ」があれば、「ttweda」に聞こえます。母音やパッチム「ㅇ / ㄴ / ㅁ」があれば、濁って「dweda」に聞こえます。

見分け方

「漢字語名詞＋하다」の受身形として使われることが多く、「漢語名詞＋される」の意味になります。

---

① 「漢字語名詞＋되다」 ➡ 「漢字語名詞＋される / する（自動詞）」
- -

manwon harindweossumnida
만 원 할인되었습니다 .   1 万ウォン、割引になりました。

sonnim yeyaktweossumnida
손님 , 예약되었습니다 .   お客様、予約お受けしました。

se hakkiga sijaktweossumnida
새 학기가 시작되었습니다 .   新しい学期が始まりました。

misukgwani wansongdwetssumnida
미술관이 완성됐습니다 .   美術館が完成しました。

使い方

漢字語名詞 **+** 되다（tweda）

韓国がよくわかる
KEYWORD
- 習慣編 -

3 月入学

🇰🇷

　韓国は、日本と違い、3 月から新学期です。しかし、3 月からスタートするのは入学式と入社式くらいなもので、国の会計年度や主力企業の事業年度は、1 月スタートです。学校の始まりと、国や企業などの始まりが、一致しないことになります。

　今の 3 月新学期制がスタートしたのは、1962 年です。それまでは、日本と同じく、4 月新学期制を採用していました。もっと正確に言うと、日韓併合時代に続いていた 4 月新学期制が、戦後、一時的に、9 月新学期制に変わったことがありましたが、1950 年からは、元の 4 月学期制に戻り、それが、1962 年に変えられるまで、ずっと続いていたのです。

　4 月新学期制の時には、1 学期目が 4 月 1 日スタート、2 学期目が 10 月 1 日スタートだったので、日本と全く同じでした。

　しかし、1961 年、4 月新学期制が、季節の特性を正しく反映していない、3 月新学期制にすれば、酷寒期の 1 月、2 月を冬休みに充てられ、暖房経費など、教育財政逼迫を軽減出来る、生徒たちの健康にもプラスになる、などを理由に、1962 年から 3 月新学期制に変更されました。

　これにより、夏休みは、通常 7 月の中旬または下旬から、8 月中旬または下旬までとなり、冬休みは、12 月下旬から 2 月上旬、春休みは、2 月中に、1 週ないし 2 週程度で行う、という今の学事日程が定着しました。

　これには、4 月学期制の時に、1 学期の途中から夏休みに入り、9 月

休み明け後に、1学期期末試験を行わなければいけない、いわゆる学修中断問題への解説策になり得ると、教育現場からの要請があったことも、それを後押しする一因となりました。

しかし、3月学期制を実施する国は、世界的に見て、きわめて稀です。今一その理由も釈然としません。世界的には、9月学期制が主流なので、日本同様に、9月学期制を検討する動きが、今まで何度かありました。しかし、これもまた、日本と同じように、その都度、つぶされてきました。

オンニ、オパ

　韓国の親族名は、極めて複雑です。あなたが、女性だとしましょう。次のようになります。

　　上の女兄弟 ⋯⋯➔ オンニ

　　上の男兄弟 ⋯⋯➔ オパ

　　上の女兄弟のご主人 ⋯⋯➔ ヒョンブ（兄夫）

　　上の男兄弟の奥さん ⋯⋯➔ オンニ

　　下の女兄弟のご主人 ⋯⋯➔ メジェ（妹弟）

　　下の男兄弟の奥さん ⋯⋯➔ オルケ

　　夫の上の女兄弟 ⋯⋯➔ ヒョンニム（兄님）

　　夫の上の女兄弟のご主人 ⋯⋯➔ アシュボニム

　　夫の上の男兄弟 ⋯⋯➔ アジュボニム

　　夫の上の男兄弟の奥さん ⋯⋯➔ ヒョンニム

　　夫の下の女兄弟 ⋯⋯➔ アガシ

　　夫の下の女兄弟のご主人 ⋯⋯➔ ソバンニム

　　夫の下の男兄弟 ⋯⋯➔ トリョンニム（未婚）、ソバンニム（既婚）

　　夫の下の男兄弟の奥さん ⋯⋯➔ トンソ

　もっと書きましょうか？　男性バージョンもあります。上に書いたものと同数、別バージョンで、しっかりあります。もう止めましょう。

日本に来て、大体、「〜さん」付けで済ませるのを見て、何て便利な んだろうと思ったのを覚えています。上に書いたものは直系のみです。 従兄弟になると、また、別の言い方、父方の親戚か、母方の親戚かで 分かれ、それを追いかけていくと、どこの誰の何番目の子供かが特定 できます。

　一体、なぜ、何のために、こんなに複雑なのでしょうか？　答えは、 簡単です。儒教の強い影響です。儒教は、とにかく、礼節から始まり、 礼節で終わります。礼節となると、その対象は何なのか、誰なのかに なります。当然極めて厳格なタテ構造になります。タテ重視になれば、 目上か目下かがとても重要なので、上のように複雑な呼び名が、どう しても必要になってきます。礼儀に反したら、人倫に反すると言われ、 悖倫と言われたら、終わりだったからです。呼び名は、その基本中の 基本として、大変重要視されました。

男同士、手をつなぐ

　韓国で、男同士で手をつなぎ、歩いたら、どうなるでしょうか？結論から早く、言います。どうもなりません。どうもしません。ゲイじゃないの、という人もいれば、じゃ、女性がやれば、皆レズビアンか？と皮肉る人もいるかもしれません。肩を組むとなると、全く無反応です。戦友なのかな、と思われます。仲いいね、いい友達なんだ、と羨ましい視線を送ってくることもあります。

　女性どうし、手をつなぎ、腰に手をまわし、一緒に歩くのは、100倍くらい、当たり前です。レズビアンではありません。お嫁さんが義理の母と腕を組み、女子高生どうしで、手をつないで歩く、不思議でも何でもありません。

　韓国人は、日本人と比べると、はるかにスキンシップが豊富です。私は、韓国での生活より、日本での生活が長いため、韓国に行った時に、そういうスキンシップをやられると、ドキッとします（笑）もちろん、笑って受け止めますが、酒でも入ったら、本当に、腰に手を回してきます。

　愛情表現なのだろうと思います。これまた、日本人と比べると、愛情表現が素直です。ストレートに表現し、ストレートで受け止めます。いいところもあり、悪いところもありますが、とにかく、表に出します。

　人は、他人との間に、安心できる適正距離というものを持ちます。それ以上、近づいたらこっちが一歩下がる、逆に、離れ過ぎたら、こ

の人、私とあまりしゃべりたくないのかな、と思ったりする距離感が
あるのです。民族によって、その距離感が違う説もあれば、人それぞ
れという意見もあります。

　韓国人は、この距離感が近いのです。ですから、スキンシップ、手
をつなぐ、腰に手を回す、肩を組む、こういった行為は、適正距離ど
ころか、あなたと私との間に、距離なんてないよ、ずっと一緒だよ、
という心理の表れなのです。そこに、異性も同性もありません。

　あまり仲良くない、出来れば会いたくない人と一緒にいたら、本能
的にその人との距離が遠くなるのを見ても、異性だろうが同性だろう
が、好きだなと思ったら、なるべく、くっついて歩きたいなと思う心
理を見ても、本当にその通りなんだなと思います。

　腕を組んでくる、韓国の同性の友達を、早く見つけて下さいね。近
づいてきても、あまり、ドキッとしないように。後ろに下がったりし
たら、だめですよ。

兄ちゃんと結婚したの？

　韓国の女性は、結婚しても、旦那のことを、オパ（お兄ちゃん）と呼ぶ人がたくさんいます。オパとは、本来、目上の男兄弟を指す呼称です。なのに、オパと言うもんだから、傍から見たら、夫婦なのか、兄妹なのか、訳が分かりません。

　韓国人の夫婦やカップルは、男の方が年上であることが、まだ圧倒的に多いこともありますが、血筋の話は別として、年齢的には、合っている話ではあります。

　日本語では、目の前の出来事が、わがこと的か、ひとごと的かで、言い方を変える時があります。例えば、

「特に気にしないからって、言われた」

「特に気にしないからって、言ってくれた」

のような２つの言い方がある場合、「言われた」は、外側から一方的にその動きが及んできたことを表す言い方で、「言ってくれた」は、自分もその動きと同じ思いだったことを表す言い方です。

　韓国語にも、話し手のわがこと的心情、ひとごと的心情を言い分ける体系がいくつも存在します。呼称は、その中の一例で、オパとかは、いい例です。

　オパは、大学のキャンパスの中でも、よく使われますが、仲の悪い、または、ほぼ関わりのない先輩には、あまり使いたがりません。中には、それが嫌で、先輩という言い方で通している人もいます。

オパの反対は、ヌナですが、私も大学生の頃、お前にヌナなんて言えるか？と言う先輩がいたことを覚えています。つまり、心情的に、近くもない、近づいてほしくもない相手には、わがこと的表現を使うのを、嫌うのです。

ですから、オパという呼称は、ある意味、夫婦間だからこそ、かえってよく似合う言葉なのかもしれません。誰よりも、わがこと的気持ちを持たなければならない相手だからです。

それを、目くじらを立てて、最近の若者は、言い方がなっていないとか、家庭教育がなっていないとか、結婚したのだから、いい加減、その呼び名を変えろとか、一々突っかかる人を見ると、あぁ、可哀そうな人だなと思ってしまいます。

オパと言ったら、粛清？

　「愛の不時着」というドラマが、韓国で、大ヒットしました。日本でも、かなり話題になりましたね。私も観ました。ハラハラドキドキ、2回見ましたよ。セリが、もうチョンヒョックに会えないと思い、泣き崩れる場面で、私も、泣きました（笑）

　このドラマは、北朝鮮でも大流行しました。へぇ、北朝鮮で、韓国のドラマが見れるんだ。…もちろん、だめです。しかし、中国を経由して、いくらでも、北朝鮮領内に入ってきます。韓国でヒットしたら、すぐさま、北朝鮮でも流行ります。今、北朝鮮では、韓国風のしゃべり方、若者の言葉を真似して使うのが、大流行だそうです。

　「愛の不時着」にも、北朝鮮の兵士たちが、韓国ドラマの真似をしたり、k-popを歌ったりする場面が出てきますが、脱北した人たちの話を聞くと、「愛の不時着」で描かれた北朝鮮の内部事情の正確さに、皆驚いたそうです。

　ところで、昨年の12月、「反動思想文化排撃法」という法律が制定され、韓国の映画、TVドラマなどの動画配信、販売を摘発されると死刑、視聴するだけで最大15年の懲役に処せられることが、発表されました。

　北朝鮮指導部にしてみれば、若者がどんどん韓国の文化に慣れ、憧れ、のめり込んでいくのを阻止しないと、体制崩壊につながりかねないと、危機感を募らせたのが、この法律制定の背景にあるのだろうと、韓国の国家情報院は分析をしています。

その締め付けの対象となったのが、オパという言葉のようで、それを使うと、取り締まりの対象になるらしいのです。自分の旦那さんに対しては、「ヨボ여보」という従来の呼称をしっかり使うように、教育を行っているそうで、南の真似をしている国民のことを、革命の仇と呼び、厳しい批判を展開しているとの報告が、韓国の国会でありました。

　今さらって、感じがします。もう、しみ込んで、広がるだけ広がっているのに？　人の思いって、止められるものでしょうか。思いは、折り重なれば、流れになります。流れは、最初小さく見えても、いずれ、必ず大きなうねりとなります。うねりは、限度を超えると、爆発を招きます。昔も、今も、それを知らないのは、指導者だけなのかなと思います。

チョンセ（伝貰전세）

　家の価格の半分くらいをチョンセ金（保証金）として預け、賃貸契約を結んだ後、契約期間が終わったら、全額返してもらう、韓国独特の賃貸制度のことです。

　そもそも、このチョンセ制度ができたのは、近代化に伴う、急速な都市化が原因でした。朝鮮王朝から日韓併合、朝鮮戦争、高度経済成長へと、時代が変わり、産業化が進む中、仕事を求め、人が都市部に集中したことによって、住居不足問題が起きたのです。

　その問題を解決する手段として、注目を浴びたのが、チョンセでした。形は、一軒家も間借りもありましたが、貸す方にしたら、まとまった金額を出してもらえる人が信用できるため、好まれたのです。大家は、もらったチョンセ金を銀行に預け、高利子収入を得たり、ビジネスに投資したりします。借りる人は、頑張ってチョンセ金を貯め、次のマイホーム購入に備えます。無利子ですが、全額返してもらえるし、ましてや住めると思っていなかったところに住める特典付きのため、特に賃貸人側から、歓迎されました。都会に足を踏み入れる人は、家賃生活から、チョンセ、マイホームの購入へ駆け上がる階段を、人生の成功、幸せを得るステップだと思ったのです。

　今は、韓国も低金利なので、昔のような高利子の収益は、見込めません。にもかかわらず、チョンセ制度が今も活用されているのは、韓国の住宅市場が、ずっと価格上昇を続けているからです。例えば、マンショ

ンを買いたいのに、お金が足りないとします。そうすると、チョンセ契約を結び、足らない分をチョンセ金で埋め合わせします。もちろん、そのマンションには住めません。チョンセ金を払った人が住むからです。しかし、購入したマンションは、数年後、値上がりし、相当な収益をもたらせてくれます。その上がった分のお金を、もらったチョンセ金の返却に充て、退去してもらい、念願のマイマンションを手に入れるのです。

　低金利時代が続く今、もしかしたら、韓国の賃貸市場も、日本と同じように、家賃主導に変わっていくのかもしれません。実際に、そういう動きは、出始めています。チョンセ金の額を減らし、減った分だけ、月家賃に替える契約が増えているのです。

トルジャンチ（돌잔치）

　「tol」は、元々誕生日という意味で、「janchi」は、パーティーの意味です。ですから、トルジャンチは、誕生日パーティーということになります。中でも、1歳は、とりわけ特別な意味を持つので、通常、トルジャンチと言えば、1歳のものを指すようになりました。

　トルジャンチは、盛大にやります。1990年代までは、家族や兄弟、親戚、友人知人などを呼んで、家でやるのが主流でしたが、それ以降、核家族化やマンション生活の影響などもあり、徐々に、外で会場を借りてやるようになりました。今は、トルジャンチ専門店が、あっちこっちに出来ているくらいです。

　盛大にやると言いましたが、会場を借りる場合、数百名が集まることも、珍しくありません。1歳目の誕生日パーティーって、ケーキがあって、風船があって、おもちゃがいっぱいで、という雰囲気を連想するかもしれませんが、まるで結婚式並みです。ドレスアップがあって、記念撮影も、イベントも、ご祝儀も、豪華な食事も、勢ぞろいです。

　家でやる時は、もてなしが本当に大変でした。祖父母から始まり、家族、兄弟の家族、父方と母方、両方ありますから、家族だけで、2日はかかります。次が、親戚です。親戚も両方です。それが終われば、友達や同僚の順になりますが、友達も、多い人は小学校から大学まで、しかも、両方。共働きの場合は、両方の会社の同僚。これでもかというくらい続きます。私も、長女の時に、7日間くらいやった記憶があ

ります。大量の手料理、大量のお酒、大量の皿洗い、オンパレードです。

　もちろん、手ぶらでは来ません。家族は、基本金の指輪を持ってきてくれます。長寿健康を祈って、金のカメをもらうこともあります。大体24k、純金です。すぐに現金化できるから、貯金みたいなものです。友達、知人、同僚は、基本現金を持ってきます。

　盛大にする理由があります。嬰児死亡率が高かった昔は、3歳まで子供が生き延びることが、本当に大変でした。中でも、そのスタートである1歳は、特に目出たいこととして、皆に報告し、皆に祝ってもらい、皆に覚えてもらう、なるべくたくさんの人にお披露目をしたい、などの思いが強く、そういう形になったのです。

MEMO

第 7 章

否定表現

この章では、TOPIK Ⅰ レベルの否定表現を学びます。日本語と異なるので、正確な理解を必要とします。

「안」 動詞・形容詞 ＋ ない

聞こえ方

「안」は、後ろの動詞・形容詞と合体した形で、聞こえます。文末で「an」と聞こえたら、「안」かなと思っていいと思います。

見分け方

「안」は、動詞・形容詞の前につきます。後ろに続く言葉を否定する時に使います。「漢字語＋하다」は、前ではなく「漢字語＋안 하다」の形で使います。

---

① 「안」→「動詞・形容詞 ＋ ない」

kokchong a neyo
걱정　안 해요 .　　　　　　　心配しません。

cha ran mogoyo
잘 안 먹어요 .　　　　　　　あまり食べません。

koseng pyollo a nessoyo
고생 별로 안 했어요 .　　　　あまり苦労しませんでした。

hakkyo a nwassoyo
학교 안 왔어요 .　　　　　　学校に来ていません。

mori an giroyo
머리 안 길어요 .　　　　　　髪、長くありません。

him an duroyo
힘 안 들어요 .　　　　　　　きつくないです。

an siwonajiyo
안 시원하지요 ?　　　　　　涼しくないでしょう。

使い方

안 ✚ 動詞・形容詞

「지 않다」動詞・形容詞 + ない

^{ji anta}

◀)) **track 051**

聞こえ方

　前に、パッチム「ㄱ/ㄷ/ㅂ/ㅁ」があれば、「jji anta」に聞こえます。母音やパッチム「ㄹ」が来る時は、濁って「ji anta」に聞こえます。

見分け方

　動詞・形容詞の語幹につきます。それまでの内容、すべてを否定したい時に使います。

---

① 「지 않다」➡「動詞・形容詞 + ない」

---

^{ije　urinun　sulpuji　ansumnida}
이제 우리는 슬프지 않습니다 .　　　もう私たちは悲しくありません。

^{haksegnul chuchonhaji ansumnida}
학생을 추천하지 않습니다 .　　　　学生を推薦しません。

^{nuguhantedo　alliji　anketsumnida}
누구한테도 알리지 않겠습니다 .　　誰にも知らせません。

^{chom chopchi ankessoyo}
좀　좁지 않겠어요 ?　　　　　　　少し狭くありませんか？

使い方

　　　　動詞・形容詞 **+** 지 않다 (ji anta)

💡 「안 (an)」と「지 않다 (ji anta)」

🔖 **解説**　「안」は、直後に来る言葉だけを否定し、「～지 않다」は、「지」の前に来る表現全体を否定します。

^{an　mogul　koyeyo}
안 먹을 거예요 ?　　（〇）　　　　食べないのですか？

^{mokchi anul　koyeyo}
먹지 않을 거예요 ?　（✕）

　食べないつもりなのかと聞いているので、「食べる」だけを否定する「안 먹을 거예요 ?」を使います。「먹지 않을 거야 ?」を使う必要はありません。

```
kugo   an   mugopkessoyo
```
그거 안 무겁겠어요 ? **(O)**　　それ、重くないでしょうか？

```
kugo     mugopchi  ankessoyo
```
그거 무겁지 않겠어요 ? **(O)**　　それ、重くないでしょうか？

　「안 무겁겠어요 ?」は、後ろの「重い」だけを、「무겁지 않겠어요 ?」は、「지」までの「그거 무겁다」を否定します。どちらで言っても同じ内容なので、両方使います。

「아니다」名詞＋ではない・いいえ / 違います
anida

◀)) **track 052**

聞こえ方

　「이 / 가 아니에요（아닙니다）（i/ga anieyo）（animnida）」は、名詞を否定する時に、「아니요（aniyo）」は、相手からの質問に、否定の返事をする時に、「아니에요（anieyo）」は、相手の発言内容を否定する時に丁寧な言い方として現れます。

見分け方

　「아니에요（아닙니다）」に、「이 / 가」がついていたら、名詞の否定になります。「아니요」は、相手からの質問に、否定または反対で答える時に、「아니에요」は、相手の発言を否定する時に丁寧な言い方として使います。

---

① 「이 / 가 아니에요（아닙니다）」 ➡ 「名詞＋ではありません」

```
hakkyoga   anieyo
```
학교가 아니에요 .　　　　学校ではありません。

```
che kosi    animnida
```
제 것이 아닙니다 .　　　私のものではありません。

```
kuge      anieyo
```
그게 아니에요 .　　　　　そうじゃないのです。

 「이 / 가 아니에요」の「이 / 가」は、かなりの確率で省略されます。「오늘 아니에요（onuranieyo）（今日じゃありません）」のような例です。名詞の後に「아니에요 / 아닙니다」が出てきたら、名詞の否定と思っていいと思います。

② 「아니요」→「いいえ」

A: **오늘 시장 가세요 ?**
onul sijang gaseyo

今日、買い物、行きますか？

B: **아니요 , 안 가요 .**
aniyo   an gayo

いいえ、行きません。

A: **드라마 좋아하세요 ?**
turama joahaseyo

ドラマ、好きですか？

B: **아뇨 , 안 좋아해요 .**
anyo   an joaheyo

いいえ、好きじゃありません。

💡 「아뇨 anyo」は、「아니요（aniyo）」の縮約形です。「아니예요（aniyeyo）」と言う人がいますが、「아니에요（anieyo）」の間違いです。

③ 「아니에요 / 아닙니다」→「違います」

A: **이거 맞죠 ?**
igo matchyo

これで間違いないでしょう。

B: **아니에요 . 그거 아닙니다 .**
anieyo   kugo animnida

違います。それじゃありません。

A: **전 미라 씨세요 ?**
chon mira ssiseyo

チョン・ミラさんですか？

B: **아닙니다 .**
animnida

違います。

使い方

> パッチム有名詞 **+** 이 아니에요（i anieyo）
>
> パッチム無名詞 **+** 가 아니에요（ga anieyo）

「못」못＋動詞
mot

🔊)) track 053

聞こえ方

「못」は、前後の環境によって、変幻自在に聞こえ方が変わります。

① _{yogisonun sajin mot jjiksumnida}
여기서는 사진 못 찍습니다.　ここでは写真、撮れません。

② _{monneyo}
못 내요.　出せません。

③ _{we mon mannassoyo}
왜 못 만났어요?　なぜ会えなかったのですか？

④ _{cho yongo monnilgoyo}
저 영어 못 읽어요.　私、英語、読めないんですよ。

⑤ _{jongmal on monnimnunda}
정말 옷 못 입는다.　本当に服、ダサいね。

⑥ _{senggang mo tessoyo}
생각 못 했어요.　思い付きませんでした。

①の「못」のパッチム「ㅅ」は、「t」に聞こえます。

②③では、後ろの「ㄴ/ㅁ」の影響を受け、「n」になります。

④⑤では、まず「t」の後の母音に「n」が追加されて「닐거요」「님는다」になり、その「닐거요」「님는다」の「ㄴ」の影響を受け、「못 → 몯 → 몬」に変わって、最終的に「몬닐거요」「몬님는다」になります。同じものを「모딜거요」「모딤는다」と発音することがありますが、連音を重視する考え方から来るものです。ただし、標準発音ではありません。

⑥は、「ㅅ(ㄷ)＋ㅎ→ㅌ」のルールから、「못했어요 → 몯해써요 → 모태써요」になる例です。「못＋하다 → 모타다」を覚えておけば、聞き取ることが出来ます。「못」は、後ろの動詞と合体して発音されるので、文末で「mot/mon/mote」と聞こえたら、「못」と思っていいと思います。

見分け方

動詞の前につけ、不可能、不許可、不容認の言い方として使います。

💡 「못 (mot)」と「〜지 못하다 (ji motada)」

解説　「못」は、直後に来る言葉だけを否定し、「〜지 못하다」は、「지」の前までの表現全体を否定します。

_{urirul musihaji motal komnida}
우리를 무시하지 못할 겁니다. (○)　われわれを無視できないでしょう。

_{urirul mon musihal komnida}
우리를 못 무시할 겁니다. (✗)

「われわれを無視すること」を否定する言い方なので、「무시하지 못할 겁니다」を使います。「못 무시할 겁니다」は、直後に来る「무시하다 musihada（無視する）」だけを否定する言い方になることから、使えません。

we mot turogayo
왜 못 들어가요 ?　　（〇）　　　　なぜ入れないのですか？

we durogaji moteyo
왜 들어가지 못해요 ?（✕）

　なぜ入ることが許されないのかという言い方なので、「들어가다」だけを否定する「못 들어가요 ?」を使います。「들어가지 못해요 ?」は、「왜 들어가요 ?」全体を否定する言い方になるので使えません。

💡「잘 못해요（chal moteyo）」と「잘못해요（chalmoteyo）」

解説　「잘 못해요」は、「上手には出来ません」という意味で、「잘못해요」は、「間違えます」の意味です。「잘 못했어요 chal（mote ssoyo）」は、「うまくいきませんでした」の意味で、「잘못했어요（chalmotessoyo）」は、間違ったことを謝る「ごめんなさい」の意味です。2つを区別するのは、「잘」の後に、一呼吸あるかないかです。あれば「잘 못했어요」に、くっつけて話しているように聞こえたら「잘못했어요」になります。

① 「못」➡「動詞・있다の可能否定」

mon mannassoyo
못 만났어요 .　　　　　　　会えませんでした。

yosubul mo tago issumnida
연습을 못 하고 있습니다 .　　練習が出来ないでいます。

sarami manaso mo danjatssoyo
사람이 많아서 못 앉았어요 .　人が多くて座れませんでした。

使い方

못 ＋ 動詞・있다

「못하다」できない
motada

聞こえ方

「모타다 (motada)」に聞こえます。

見分け方

「못하다」は、「一定レベルに達しない、それをやる能力がない」の意味を持つ動詞です。「못＋하다」と発音上は変わりませんが、異なるものです。「못하다」の反対は、「잘하다 charada」です。

---

① 「못하다」→「できない (動詞)」

---

kongburul motamnida
공부를 못합니다.　　　　　　勉強が出来ません。

chonun surul moteyo
저는 술을 못해요.　　　　　私はお酒が飲めません。

norerul motanun saram
노래를 못하는 사람.　　　　歌が下手な人

② 「못하지 않다」→「できなくない」

---

undongul motajinun anayo
운동을 못하지는 않아요.　　運動が出来なくはありません。

umsigul motajido anayo
음식을 못하지도 않아요.　　料理が出来なくもないです。

💡 「못하다 (motada)」と「못 하다 (motada)」

解説　「못하다」は、「一定レベルに達しない、それをやる能力がない」の意味を持つ動詞で、「못 하다」は、「하다」の可能否定です。

---

chal giong mo tagessoyo
잘 기억 못 하겠어요.　　　　上手く思い出せません。

chal giong motagessoyo
잘 기억 못하겠어요.　　　　上手く覚えられません。

「기억 못 하겠어요」は、「기억하지 못하다⇒기억을 못　하다⇒기억을 못 하겠어요」の順で作られた表現なので、「기억하다 （思い出す）」が出来ないという意味になります。

それに対し、「기억　못하겠어요」は、記憶というものが、どうにも上手く行かないという意味です。

　この「못하다」と「못 하다」との違いは、発音も意味も似ており、大変難しいテーマです。実際、ネイティブでも、これらの違いを正確に説明出来る人はほぼいません。

使い方

못하다（動詞）

「지 못하다」動詞＋できない

◀)) track 055

聞こえ方

　前に、パッチム「ㄱ / ㄷ / ㅂ / ㅁ」があれば、「jji motada」に聞こえます。母音やパッチム「ㄹ」が来る時は、濁って「ji motada」に聞こえます。

見分け方

　動詞語幹につきます。それまでの内容、すべてを可能否定する時に使います。

① 「지 못하다」➡「動詞＋できない」

ajik hegyolhaji motetsumnida
아직 해결하지 못했습니다 .　　まだ、解決出来ていません。

toraoji motan saramduri itsumnida
돌아오지 못한 사람들이 있습니다 .　帰って来られなかった人たちがいます。

ka bojido motago wassoyo
가 보지도 못하고 왔어요 .　　行ってみることも出来ずに帰ってきました。

使い方

動詞 ＋ 지 못하다 ji motada

「지 말다」 動詞・있다＋するな / しないで下さい（禁止命令） 🔊 track 056

ji *malda*

聞こえ方

前に、パッチム「ㄱ / ㄷ / ㅂ / ㅁ」があれば、「jji malda」に聞こえます。母音やパッチム「ㄹ」が来る時は、濁って「ji malda」に聞こえます。

見分け方

動詞の語幹につきます。「지 마세요 / 마십시오 (ji maseyo/masipsio)（しないで下さい）」「지 마시고 (ji masigo)（しないで）」などの形で現れます。

---

① 「지 마세요 / 마십시오」➡「動詞・있다＋しないで下さい」

---

onurun　*oji*　*maseyo*
오늘은 오지 마세요 .　　　今日は来ないで下さい。

iron　*go*　*kajigo*　*oji*　*maseyo*
이런 거 가지고 오지 마세요 .　　こういうもの、持ってこないで下さい。

poji　*maseyo*
보지 마세요 .　　　　　見ないで下さい。

---

② 「지 마시고」➡「動詞・있다＋しないで / されないで」

---

cheyukkwanuro　*gaji*　*masigo*
체육관으로 가지 마시고　　　体育館に行かないで、学生会館に行って
haksenghwegwanuro　*kaseyo*
학생회관으로 가세요 .　　　下さい。

kuron　*malssum*　*haji*　*masigo tto oseyo*
그런 말씀하지 마시고 또　오세요　そんなことをおっしゃらないで、またいらして下さい。

使い方

動詞・있다＋지 마세요 / 마시고 (ji maseyo/masigo)

第 8 章

終結表現

この章では、「아 / 어」「고」「게」「지」な
どで構成される終結表現を学びます。

「아 / 어지다」形容詞＋くなる / になる
_a _{ojida}

🔊 track 057

聞こえ方

　前にパッチムがあれば、連音して聞こえます。「아 / 어」を含んでいるので、不規則活用をします。TOPIK Ｉレベルの中にも、対象となる言葉がたくさんあります。「a / oji」に気づくことが出来たら、「a / o」がついている言葉の原型を確認することです。

見分け方

　陽母音語幹には「아지다」が、陰母音語幹には「어지다」がつきます。「くなる / になる」と言う時に使います。

---

① 「아 / 어지다」➡「形容詞＋くなる / になる」

- -

빨면　깨끗해질 겁니다 .　　　　　　洗えばきれいになると思います。
_{ppalmyon kkekkutejil komnida}

좀　부드러워지면 드세요 .　　　　　少し柔らかくなったら食べて下さい。
_{chom budurowojimyon duseyo}

날씨가 많이 추워졌네요 .　　　　　天気がだいぶ寒くなりましたね。
_{nalssiga mani chuwojyonneyo}

규모가 점점 커질 거예요 .　　　　　規模が段々大きくなるでしょう。
_{kyumoga chomjon kojil koyeyo}

使い方

　形容詞陽母音語幹 ＋ 아지다（ajida）

　形容詞・있다 / 없다陰母音語幹 ＋ 어지다（ojida）

「아 / 어 보다」動詞・있다＋してみる
_a _o _{boda}

🔊 track 058

聞こえ方

　パッチムがある場合には、連音した音が聞こえます。「아 / 어」を含んでいるので、

不規則活用をします。TOPIK I レベルの中にも、対象となる言葉がたくさんあります。文末で「a/o bo」が聞こえたら、その前に「아 / 어」があることに気づかなければなりません。

見分け方

陽母音語幹には「아 보다」が、陰母音語幹には「어 보다」がつきます。「してみる」と言いたい時に使います。

① 「아 / 어 보다」➡「動詞・있다＋てみる」

i ot hanbon ibo boseyo
이 옷 한번 입어 보세요 .　　　　この服、一度着てみて下さい。

ka bon jogi issumnida
가 본 적이 있습니다 .　　　　行ってみたことがあります。

mogo bwassoyo
먹어 봤어요 ?　　　　食べてみましたか？

使い方

動詞陽母音語幹 ＋ 아 보다（a boda）

動詞・있다陰母音語幹 ＋ 어 보다（o boda）

※陽母音とは、「아 a/ 오 o」のことです。陰母音とは、「아 a/ 오 o」以外の母音のことです。

a o boida
「 아 / 어 보이다」形容詞・있다 / 없다＋く みえる　　◀) track 059

聞こえ方

パッチムがある場合には、連音した音が聞こえます。「아 / 어」を含んでいるので、不規則活用をします。TOPIK I レベルの中にも、対象となる言葉がたくさんあります。文末で「a/o boi」が聞こえたら、その前に「아 / 어」があることに気づかなければなりません。

陽母音語幹には「아 보이다」が、陰母音語幹には「어 보이다」がつきます。「してみえる」の意味で使われます。

---

① 「아 / 어 보이다」 ➡ 「形容詞・있다 / 없다＋くみえる」

- -

kangajiga   pulssanghe poyoyo
강아지가 불쌍해 보여요 .   子犬が可哀そうに見えます。

appaga   sulpo   boyotsumnida
아빠가 슬퍼 보였습니다 .   パパが悲しく見えました。

chinjore   boinun   bunul kollatsumnida
친절해 보이는 분을 골랐습니다 .   親切に見える方を選びました。

使い方

形容詞陽母音語幹 ＋ 아 보이다 （a boida）

形容詞・있다 / 없다陰母音語幹 ＋ 어 보이다 （o boida）

※陽母音とは、「아 a/ 오 o」のことです。陰母音とは、「아 a/ 오 o」以外の母音のことです。

「 아 / 어 주세요 」「 아 / 어 주십시오 」
動詞・있다＋して下さい / てもらえますか

🔊 track 060

- -

聞こえ方

パッチムがある場合には、連音した音が聞こえます。「아 / 어」を含んでいるので、不規則活用をします。TOPIK I レベルの中にも、対象となる言葉がたくさんあります。「juseyo / jusipsio」が聞こえたら、その前に「아 / 어」があることに気づかなければなりません。

見分け方

陽母音語幹には「아 주세요」が、陰母音語幹には「어 주세요」がつきます。他人にお願いをしたり、依頼をしたりする時に使います。

① 「아 / 어 주세요」 ➡ 「動詞・있다＋て下さい / てもらえますか」

----

i   chek pillyo   juseyo
이 책 빌려 주세요 .　　　　　　この本、貸してもらえますか。

cho jom dowa   juseyo
저 좀 도와 주세요 .　　　　　　私をちょっと助けて下さい。

che butagul   duro   juseyo
제 부탁을 들어 주세요 .　　　　私のお願いを聞いて下さい。

chumare   wa juseyo
주말에 와 주세요 .　　　　　　週末に来て下さい。

hanguk tonuro   bakkwo juseyo
한국 돈으로 바꿔 주세요 .　　　韓国のお金に替えてもらえますか。

 「세요 / 으세요（seyo / useyo）」 と 「아 / 어 주세요（a / o juseyo）」

 「세요 / 으세요」 が命令や指示の意味になると、「して下さい」になります。「아 / 어 주세요」は、命令で
はありません。お願い、依頼です。

monjo   gaseyo
먼저 가세요 .　　　　　　　　　先に行って下さい。

monjo   ka juseyo
먼저 가 주세요 .　　　　　　　　先に行ってもらえますか。

「가세요」は、丁寧な命令です。「가 주세요」は、相手が行くことによって自分に利益
が発生する、お願い、依頼の言い方です。

che dongsengul mannaseyo
제 동생을 만나세요 .　　　　　　私の弟に会って下さい。

che dongsengul manna juseyo
제 동생을 만나 주세요 .　　　　　私の弟に会っていただけますか。

弟に会わせるのが目的であれば、命令表現の「만나세요」と言います。「만나 주세요」は、
お願いの言い方なので、実現したら、何かと自分にとっていいことが起こります。

② 「아 / 어 주십시오」 ➡ 「動詞・있다＋て下さい / ていただけますか / ていただけま
　　せんでしょうか」

----

neilkkaji   kkok pone   jusipsio
내일까지 꼭 보내 주십시오 .　　明日までに必ず送って下さい。

putagimnida	doraga	jusipsio	

부탁입니다 . 돌아가 주십시오 .　お願いです。お帰りいただけませんでしょうか。

使い方

動詞陽母音語幹 **＋** 아 주세요（a juseyo）

動詞・있다陰母音語幹 **＋** 어 주세요（o juseyo）

※陽母音とは、「아 a / 오 o」のことです。　陰母音とは、「아 a / 오 o」以外の母音のことです。

「아 / 어 주다」「아 / 어 드리다」
（a / o juda）（a / o durida）
動詞・있다＋してあげる / してくれる

🔊 track 061

聞こえ方

　パッチムがある場合には、連音した音が聞こえます。「아 / 어」を含んでいるので、不規則活用をします。TOPIK I レベルの中にも、対象となる言葉がたくさんあります。「드릴까요？（durilkkayo） / 드리세요（duriseyo） / 드려요（duryoyo）」「주세요（juseyo） / 줘요（jwoyo） / 줍니다（jumnida）」などが聞こえたら、その前に「아 / 어」があることに気づくことです。

見分け方

　陽母音語幹には「아 주다 / 드리다」が、陰母音語幹には「어 주다 / 드리다」がつきます。授受表現を表す言い方として使います。

① 「아 / 어 주세요」➡「動詞・있다＋て下さい / てもらえますか」

panjirul	sa	julkka	hanundeyo

반지를 사 줄까 하는데요 .　指輪を買ってあげようかなと思っているんですけど。

narul	kokchonghe	jul saramun	opsoyo

나를 걱정해 줄 사람은 없어요 .　私を心配してくれる人はいません。

aiwa	nora	junun sarami	piryoheyo

아이와 놀아 주는 사람이 필요해요 .　子供と遊んでくれる人が必要です。

② 「아 / 어 드리다」➡「動詞＋てあげる / てさしあげる」

omma solgoji dowa duryoyo
엄마 설겇이 도와 드려요 ?

ママ、皿洗い、手伝ってあげましょうか？

odenghago ttokago sokko durilkkayo
오뎅하고 떡하고 섞어 드릴까요 ?

おでんも餅も、入れてあげましょうか？

使い方

動詞陽母音語幹 ＋ 아 주다 / 드리다（a juda / durida）

動詞・있다陰母音語幹 ＋ 어 주다 / 드리다（o juda / durida）

※陽母音とは、「아（a）/ 오（o）」のことです。陰母音とは、「아a/ 오o」以外の母音のことです。

aya oya hada
「 아야 / 어야 하다」
動詞・形容詞・있다 / 없다・이다 ＋しなければいけない　　◀)) track 062

聞こえ方

　前にパッチムがある場合には、連音した音が聞こえます。「아 / 어」を含んでいるので、不規則活用をします。TOPIK Ⅰレベルの中にも、対象となる言葉がたくさんあります。

見分け方

　陽母音語幹には「아야 하다」が、陰母音語幹には「어야 하다」がつきます。「しなければいけない」と言う時に使います。

① 「아야 하다 / 어야 하다」➡「動詞・形容詞・있다 / 없다・이다＋なければいけない」

kapsi ssaya hamnida
값이 싸야 합니다 .

値段が安くないといけません。

yonsubul mani heya hamnida
연습을 많이 해야 합니다 .

練習をたくさんしないといけません。

^{turamanun} ^{jemiissoya} ^{hamnida}
드라마는 재미있어야 합니다 .

ドラマは、面白くないといけません。

^{kkok} ^{neilkkajiyoya} ^{hamnikka}
꼭 내일까지여야 합니까 ?

絶対明日までじゃないとだめですか？

 「아야 / 어야 하다」 と 「아야 / 어야 되다」

 「하다」 は 「する」 で、「되다」 は 「なる」 です。 それを踏まえると、「아야 되다 / 어야 되다」 がより当為性を強調する言い方となります。

^{chega} ^{kaya} ^{hamnida}
제가 가야 합니다 .

私が行くべきです。

^{chega} ^{kaya} ^{dwemnida}
제가 가야 됩니다 .

私が行かなければなりません。

「가야 합니다」 は、自分の意見を強く押し出す時に、「가야 됩니다」 は、当為性を強調する時に使います。

^{chamaya} ^{hamnida}
참아야 합니다 .

耐えなければいけません。

^{chamaya} ^{dwemnida}
참아야 됩니다 .

耐えなければならないのです。

「참아야 합니다」 は、そう行動すべきと言う時に、「참아야 됩니다」 は、そうしてこそ、事が成り立つのだと言う時に使います。

使い方

動詞・形容詞陽母音語幹 ＋ 아야 하다 （aya hada）

動詞・形容詞・있다 / 없다・이다陰母音語幹 ＋ 어야 하다 （oya hada）

※陽母音とは、「아 （a）/ 오 （o）」 のことです。 陰母音とは、「아 （a）/ 오 （o）」 以外の母音のことです。

「 아야 / 어야 되다 」
^{aya} ^{oya} ^{dweda}

動詞・形容詞・있다 / 없다・이다＋なければならない

◀) track 063

聞こえ方

　パッチムがある場合には、連音した音が聞こえます。「아 / 어」を含んでいるので、不規則活用をします。

見分け方

　陽母音語幹には「아야 되다」が、陰母音語幹には「어야 되다」がつきます。「しなければならない」と言う時に使います。

① 「아야 / 어야 되다」 ➡ 「動詞・形容詞・있다 / 없다・이다＋なければならない」

^{ore} ^{kidaryoya} ^{dweyo} 오래 기다려야 돼요 ?	長く待たなければならないのですか？
^{yonsubul} ^{mani} ^{heya} ^{dwemnida} 연습을 많이 해야 됩니다 .	練習をたくさんしなければなりません。
^{turamanun} ^{jemiissoya} ^{dwemnida} 드라마는 재미있어야 됩니다 .	ドラマは、面白くなければなりません。
^{choyoya} ^{dwenun} ^{goyeyo} 저여야 되는 거예요 ?	私じゃなければならないのですか？

使い方

　動詞・形容詞陽母音語幹 ＋ 아야 되다 （aya dweda）

　動詞・形容詞・있다 / 없다・이다陰母音語幹 ＋ 어야 되다 （oya dweda）

※陽母音とは、「아 a/ 오 o」のことです。陰母音とは、「아 a/ 오 o」以外の母音のことです。

「<ruby>아도<rt>ado</rt></ruby> / <ruby>어도<rt>odo</rt></ruby> <ruby>되다<rt>dweda</rt></ruby>」動詞・있다 / 없다・이다＋てもいい　　🔊)) track 064

聞こえ方

　パッチムがある場合には、連音した音が聞こえます。「아 / 어」を含んでいるので、不規則活用をします。

見分け方

　陽母音語幹には「아도 되다」が、陰母音語幹には「어도 되다」がつきます。「되다（tweda）＋어요 oyo ⇒ 돼요（tweyo）」になることに気を付けて下さい。「되요（tweyo）」は、間違いです。

---

① 「아도 / 어도 되다」→「動詞・있다 / 없다・이다＋てもいい」

- -

<ruby>다시<rt>tasi</rt></ruby> <ruby>봐도<rt>bwado</rt></ruby> <ruby>돼요<rt>dweyo</rt></ruby>?　　　　　　　もう1回見てもいいですか？

<ruby>연락하셔도<rt>yollakasyodo</rt></ruby> <ruby>됩니다<rt>dwemnida</rt></ruby>.　　　　　連絡しても結構です。

<ruby>먼저<rt>monjo</rt></ruby> <ruby>자도<rt>jado</rt></ruby> <ruby>돼요<rt>dweyo</rt></ruby>?　　　　　　先に寝てもいいですか？

<ruby>재미없어도<rt>chemi opsodo</rt></ruby> <ruby>끝까지<rt>kkutkkaji</rt></ruby> <ruby>보세요<rt>poseyo</rt></ruby>.　　面白くなくても最後まで見て下さい。

使い方

動詞陽母音語幹 ＋ 아도 되다（ado dweda）

動詞・있다 / 없다・이다陰母音語幹 ＋ 어도 되다（odo dweda）

※陽母音とは、「아（a）/ 오（o）」のことです。陰母音とは、「아（a）/ 오（o）」以外の母音のことです。

「게 되다」動詞・形容詞・있다 / 없다＋ことになる / ようになる　　◀)) track 065

^{ge} ^{dweda}

聞こえ方

前に、パッチム「ㄱ / ㄷ / ㅂ / ㅁ」があれば、「kke dweda」に聞こえます。母音やパッチム「ㄹ」が来る時は、濁って「ge dweda」に聞こえます。

見分け方

動詞の語幹につきます。「ようになる」「ことになる」と言う時に使います。

① 「게 되다」➡「動詞・形容詞・있다 / 없다＋ことになる / ようになる」

---

cheyukkwaneso hage dweotssumnida
체육관에서 하게 되었습니다 .

体育館でやることになりました。

taum chubuto anage dweossumnida
다음 주부터 안 하게 됐습니다 .

来週からやらなくていいことになりました。

chibeso hal su itge dwemnida
집에서 할 수 있게 됩니다 .

家で出来るようになります。

onjebuto hage dwemnikka
언제부터 하게 됩니까 ?

いつからするようになりますか？

使い方

動詞・形容詞・있다 / 없다語幹 ＋ 게 되다（ge dweda）

「고 있다」動詞＋している　　◀)) track 066

^{ko} ^{itta}

聞こえ方

前に、パッチム「ㄱ / ㄷ / ㅂ / ㄴ / ㅁ」があれば、「kko itta」に聞こえます。母音やパッチム「ㄹ」が来る時は、濁って「go itta」に聞こえます。

動詞・있다の語幹につきます。動きの進行を言う時に使います。

① 「고 있다」➡「動詞＋している」

chegul ilko issoyo
책을 읽고 있어요.　　　　　本を読んでいます。

chamkkan swigo issumnida
잠깐 쉬고 있습니다.　　　　少し休んでいます、

chonun algo issumnida
저는 알고 있습니다　　　　　私は知っています。

parul papko issoyo
발을 밟고 있어요.　　　　　足を踏んでいます。

ku saramul joahago issoyo
그 사람을 좋아하고 있어요.　あの人が好きです。

動詞 ＋ 고 있다（ko itta）

「 아 / 어 있다」動詞＋ている

（a o itta）

◀)) track 067

前に、パッチムがある場合には、連音した音が聞こえます。「아 / 어 있다」は、「아 / 어」を含んでいるので、「아요 / 어요」と同じ不規則活用をします。TOPIK Ⅰレベルの中にも、対象となる言葉がたくさんあります。動詞・形容詞の冒頭をしっかり聞き取ることが重要です。

動詞陽母音語幹には、「아 있다」が、陰母音語幹には、「어 있다」がつきます。不規則活用の全貌をしっかり把握しておく必要があります。

① 「아 / 어 있다」 ➡ 「動詞＋ている」

<small>uijae   anja   issoyo</small>
의자에 앉아 있어요 .　　　　椅子に座っています。

<small>ajik   sara   issumnida</small>
아직 살아 있습니다 .　　　　まだ生きています。

<small>samusire   wa   issoyo</small>
사무실에 와 있어요 .　　　　オフィスに来ています。

<small>monjo   ka   issoyo</small>
먼저 가 있어요 .　　　　　　先に行っています。

<small>chaga   so   issumnida</small>
차가 서 있습니다 .　　　　　車が止まっています。

使い方

動詞陽母音語幹 ＋ 아 있다 （a itta）

動詞陰母音語幹 ＋ 어 있다 （o itta）

※陽母音とは、「아 a/ 오 o」のことです。陰母音とは、「아 a/ 오 o」以外の母音のことです。

 「아 / 어요」「고 있어요」「아 / 어 있어요」

 「고 있어요」は、今ちょうどある動きや出来事が進行していることを言う時に、「아 / 어 있어요」は、今ちょうどある状態が進行していることを言う時に使います。「아 / 어요」は、「지금 chigum」などの言葉と一緒に、「ています」の意味になります。

<small>chigum   mwo   heyo</small>
A: 지금 뭐 해요 ?　　　　　今、何をやっていますか？

<small>terebi   bwayo</small>
B: 테레비 봐요 .　　　　　　テレビを観ています。

「뭐 해요 ?」は、「지금」と一緒に使われると、「何をしていますか」の意味になります。「테레비 봐요」は、質問の返事なので、「観ています」になります。

<small>chigum   mwo   heyo</small>
A: 지금 뭐 해요 ?　　　　　今、何をやっていますか？

<small>papago   issoyo</small>
B: 밥하고 있어요 .　　　　　ご飯の支度をしています。

「밥하고 있어요」は、ちょうど今ご飯の支度をしているところと言う時に使います。同じ質問に対して、「밥해요 papeyo」で答えることも可能ですが、「ちょうど今」という意識はありません。

A: 어디 살아요 ?
_{odi} _{sarayo}
どこに住んでいますか？

B: 서울에 살아요 .
_{soure} _{sarayo}
ソウルに住んでいます。

「살다 salda」は、「住む、暮らすなどの動きが続いている」という意味なので、それだけで、「ています」の意味になります。「서울에 살고 있어요（ソウルに住んでいます）」と言うことも可能です。

아직 살아 있어요 . 빨리 병원으로
_{ajik} _{sara} _{issoyo} _{ppalli} _{pyongwonuro}
옮기세요 .
_{omgiseyo}
まだ、生きています。早く病院に運んで下さい。

「살아 있어요」は、生きている状態が続いているという言い方で、よく使います。この場合、「살고 있어요」は使いません。状態の継続ではなく、動きの進行になるからです。

「 고 싶다 」動詞・있다＋したい
_{go} _{sipta}

🔊)) track 068

聞こえ方

前に、パッチム「ㄱ / ㄷ / ㅂ / ㄴ / ㅁ」があれば、「kko sipta」に聞こえます。母音やパッチム「ㄹ」が来る時は、濁って「go sipta」に聞こえます。

見分け方

動詞の語幹につきます。「したい」と言う時に使います。

① 「고 싶어요 / 고 싶습니다」➡「動詞・있다＋したいです」

한국 돈으로 바꾸고 싶어요 .
_{hanguktonuro} _{pakkugo} _{sipoyo}
韓国のお金に替えたいです。

hangugorul beugo sipsumnida
한국어를 배우고 싶습니다 .　　　　韓国語を学びたいです。

yogi itko sipsumnida
여기 있고 싶습니다 .　　　　ここにいたいです

② 「〜가〜고 싶다」 ➡ 「〜がしたいです」 「〜을 / 를〜고 싶다」 ➡ 「〜をしたいです」

kimchiga mokko sipoyo
김치가 먹고 싶어요 .　　　　キムチが食べたいです。

kimchirul mokko sipoyo
김치를 먹고 싶어요 .　　　　キムチを食べたいです。

kopiga masigo simneyo
커피가 마시고 싶네요 .　　　　コーヒーが飲みたいですね。

💡「고 싶다」 と 「았 / 었으면 좋겠다」

 「고 싶다」 は、自らの意志で、そうなりたいと願う希望や願望を言う時に、「았 / 었으면 좋겠다」 は、実現できたら幸いと思う仮定の希望や願望を言う時に使います。

uisaga dwego sipoyo
의사가 되고 싶어요 .　　　　医者になりたいです。

uisaga dwessumyon jokessoyo
의사가 됐으면 좋겠어요 .　　　　医者になれたらいいと思います。

　将来の希望に対する答えだとすれば、「되고 싶어요」 は、子供の強い希望の意志表示を言う時に、「됐으면 좋겠어요」 は、仮定の願望の気持ちを言う時に使います。

a yoheng gago sipoyo
아 , 여행 가고 싶어요 .　　　　あ、旅行に行きたいです。

a yoheng gassumyon jokessoyo
아 , 여행 갔으면 좋겠어요 .　　　　あ、旅行に行きたいですね。

　「가고 싶어요」 は、旅行に行きたいと願う気持ちを言う時に、「갔으면 좋겠어요」 は、実現できたらいいなと願う気持ちを言う時に使います。

使い方

動詞・있다語幹 ✚ 고 싶다 (go sipta)

「ㄹ 거예요 / 을 거예요」
l koyeyo ul koyeyo

「ㄹ 겁니다 / 을 겁니다」
l komnida ul komnida 1人称主語＋動詞・있다＋ます（予定）

2人称・3人称主語＋動詞・形容詞・없다・이다＋でしょう

（漠然とした推量）

🔊 track 069

聞こえ方

「을 거예요」は、前にパッチムがある場合には、連音した音が聞こえます。パッチムの有無でつき方が変わるので、不規則活用をすることがあります。TOPIK Ⅰレベルの中にも、対象となる言葉があります。動詞・形容詞の冒頭をしっかり聞き取ることが重要です。

見分け方

パッチム有語幹には「을 거예요」が、パッチム無語幹には「ㄹ 거예요」がつきます。予定や漠然として推測を言う時に使います。

---

① 「ㄹ 거예요 / 을 거예요」 ➡ 「1人称主語＋動詞・있다＋します」

- -

neilbuto undongul hal koyeyo
내일부터 운동을 할 거예요. 　明日から運動をするつもりです。

onje posil koyeyo
언제 보실 거예요? 　いつ見ますか？（予定）

chonun issul komnida
저는 있을 겁니다. 　私は、いるつもりです。

---

② 「ㄹ 거예요 / 을 거예요」 ➡ 2人称主語・3人称主語＋動詞・形容詞・없다・이다
　　 ＋と思います / でしょう

- -

chigum jal komnida
지금 잘 겁니다. 　今、寝ていると思います。

inkkiga manul koyeyo
인기가 많을 거예요. 　かなり人気があると思います。

ohue chonwa ol komnida
오후에 전화 올 겁니다. 　午後、電話が来ると思います。

chemiopsul koyeyo
재미없을 거예요. 　面白くないでしょう。

onuril koyeyo
오늘일 거예요. 　今日だと思います。

使い方

動詞・있다パッチム有語幹 **+** 을 거예요（ulkoyeyo）

動詞・形容詞・이다パッチム無語幹 **+** ㄹ 거예요（lkoyeyo）

動詞・있다パッチム有語幹 **+** 을 겁니다（ulkomnida）

動詞・形容詞・이다パッチム無語幹 **+** ㄹ 겁니다（lkomnida）

「려고 하다 / 으려고 하다」
ryogo　hada　uryogo　hada

動詞・있다 **+** しようと思う / する（実行段階の意図）

🔊 track 070

聞こえ方

「으려고 하다」の前にパッチムがある場合には、連音して聞こえます。パッチムの有無でつき方が変わるので、不規則活用をします。「ryogo hada」に気づくことが出来たら、動詞の冒頭をしっかり聞き取ることです。

見分け方

パッチム有語幹には「으려고 하다」が、パッチム無語幹には「려고 하다」がつきます。不規則活用をするので、しっかり理解しておくことが重要です。これから実行しようとする動きや状態の変化を言いたい時に使います。

① 「려고 하다 / 으려고 하다」 ➡ 「動詞 **+** しようと思う / する」

chom　swiryogo　hamnida
좀　쉬려고 합니다.
少し休もうと思っています。

sonmurul　saryogo　hanundeyo
선물을 사려고 하는데요.
お土産を買おうと思うのですが。

najunge　jonwaharyogo　hanundeyo
나중에 전화하려고 하는데요.
後で電話しようと思っていますが。

piga oryogo heyo
비가 오려고 해요.
雨が降ろうとしています。

yonghwaga jimiissuryogo   hamnida
영화가 재미있으려고 합니다.
映画が面白くなりかかっています。

使い方

動詞・있다パッチム有語幹 **+** 으려고 하다（uryogo hada）

動詞パッチム無語幹 **+** 려고 하다（ryogo hada）

---

gido hada
「기도 하다」動詞・形容詞・있다 / 없다・이다 **+** たりする　　🔊 track 071

聞こえ方

前に、パッチム「ㄱ / ㄷ / ㅂ / ㄴ / ㅁ」があれば、「kkido hada」に聞こえます。母音やパッチム「ㄹ」が来る時は、濁って「gido hada」に聞こえます。

見分け方

動詞・形容詞・있다 / 없다・이다の語幹につきます。「したりする」と言う時に使います。

---

① 「기도 하다」 **→** 「動詞・形容詞・있다 / 없다・이다 **+** たりする」

---

tan masul nel tte ssugido hamnida
단맛을 낼 때 쓰기도 합니다.
甘い味を出す時に使ったりします。

suobul ppajigido   heyo
수업을 빠지기도 해요.
授業をさぼったりします。

che maumigido   hajiyo
제 마음이기도 하지요.
私の気持ちだったりします。

kakkum jarie   opkkido   heyo
가끔 자리에 없기도 해요.
たまに席にいなかったりします。

② 「기도 하고 기도 하고」➡「動詞・形容詞・있다 / 없다・이다＋したり～したり」

chotkido　hago　silkido　hago
좋기도 하고 싫기도 하고　　好きだったり嫌だったり

mokkido　hago　masigido　hamyonso
먹기도 하고 마시기도 하면서　　食ったり飲んだりしながら

使い方

動詞・形容詞・있다 / 없다・이다語幹 ＋ 기도 하다（kido hada）

---

kiro　hada
「 **기로 하다** 」動詞・있다＋ことにする　　◀)) track 072

聞こえ方

前に、パッチム「ㄱ / ㄷ / ㅂ / ㄴ / ㅁ」があれば、「kkiro hada」に聞こえます。母音やパッチム「ㄹ」が来る時は、濁って「giro hada」に聞こえます。

見分け方

動詞・있다の語幹につきます。「ことにする」と言う時に使います。

① 「기로 하다」➡「動詞・있다＋ことにする」

nunarul　purugiro　hetsumnida
누나를 부르기로 했습니다 .　　姉を呼ぶことにしました。

ku　irun　an　hagiro　hessoyo
그 일은 안 하기로 했어요 .　　その仕事はやらないことにしました。

taum　tare　moigiro　hetsumnida
다음 달에 모이기로 했습니다 .　　来月集まることにしました。

使い方

動詞・있다語幹 ＋ 기로 하다（kiro hada）

「기 시작하다」動詞・形容詞＋し始める

ki sijakada

◀) track 073

聞こえ方

前に、パッチム「ㄱ/ㄷ/ㅂ/ㄴ/ㅁ」があれば、「kki sijakada」に聞こえます。母音やパッチム「ㄹ」が来る時は、濁って「gi sijakada」に聞こえます。

見分け方

動詞・形容詞語幹につきます。「し始める」と言いたい時に使います。

---

① 「기 시작하다」 ➡ 「動詞・形容詞＋し始める」

---

cholgi sijaketsumnida
졸기 시작했습니다 .　　　　居眠りをし始めました。

kum soriro　ilkki　sijaketsumnida
큰 소리로 읽기 시작했습니다 .　大きな声で読み始めました。

tto apugi　sijaketsoyo
또 아프기 시작했어요 .　　　　また痛み始めました。

使い方

動詞・形容詞語幹 ＋ 기 시작하다（ki sijakada）

「기 편하다」動詞＋するのにいい（利便性がいい）

ki pyonada

◀) track 074

聞こえ方

前に、パッチム「ㄱ/ㄷ/ㅂ/ㄴ/ㅁ」があれば、「kki pyonhada」に聞こえます。母音やパッチム「ㄹ」が来る時は、濁って「gi pyonhada」に聞こえます。

見分け方

動詞・있다の語幹につきます。それが自分にとって便宜がいいことを言いたい時に使います。

160

①「기 편하다」➡「動詞＋しやすい」

hwesa gagi pyoneyo
회사 가기 편해요 .　　　　　　　会社に行きやすいです。

tarul sonuro garatagi pyoneyo
다른 선으로 갈아타기 편해요 .　　　他の線に乗り換えやすいです。

un jonhagi pyonhan chaga joayo
운전하기 편한 차가 좋아요 .　　　　運転しやすい車がいいです。

使い方

動詞・있다語幹 ＋ 기 편하다 (gi pyonada)

gi swipta
「 기 쉽다 」動詞＋しやすい（低難易度）

🔊 track 075

聞こえ方

前に、パッチム「ㄱ / ㄷ / ㅂ / ㄴ / ㅁ」があれば、「kki swipta」に聞こえます。母音やパッチム「ㄹ」が来る時は、濁って「gi swipta」に聞こえます。

見分け方

動詞・있다の語幹につきます。自分にとって低難易度の出来事であることを言いたい時に使います。

①「기 쉽다」➡「動詞＋しやすい」

aradutkkiga aju swiwoyo
알아듣기가 아주 쉬워요 .　　　　　聞き取るのがとても楽です。

hakjjom ttagi swiun gwamogi mwoyeyo
학점 따기 쉬운 과목이 뭐예요 ?　　単位を取りやすい科目は何ですか？

chom algi swipkke iyagihe juseyo
좀 알기 쉽게 이야기해 주세요 .　　もう少し分かりやすく話して下さい。

han nibe mokki swipkke miri jalla
한 입에 먹기 쉽게 미리 잘라　　　　一口で食べやすいように、先に切ってお
noassoyo
놓았어요　　　　　　　　　　　　　きました。

動詞・있다語幹 **+** 기 쉽다（ki swipta）

💡 「기 쉽다」「기 좋다」「기 편하다」

📖 解説　「기 쉽다」は、「쉽다」が「簡単、やさしい」という意味なので、低難易度を言う時に、「〜기 좋다」は、「좋다」が「いい」という意味なので、好都合や好状況と言いたい時に、「〜기 편하다」は、「편하다」が「楽だ、便利だ」という意味なので、便利、楽と感じていることを言いたい時に使います。

tachigi　swiwoyo
다치기 쉬워요 .　（**O**）　　　ケガしやすいです。

tachigi　joayo
다치기 좋아요 .　（**O**）　　　ケガしやすいです。

tachigi　pyoneyo
다치기 편해요 .　（**✘**）

　「こんな状況では、すぐケガするよ」と言いたい内容だとすれば、簡単にケガするという「다치기 쉬워요」、ケガしやすい状況が整っているという「다치기 좋아요」が、使えます。「다치기 편해요」は、ケガの利便性を言う表現になるので使いません。
　「기 쉽다」は、「기 어렵다」と反対の意味に、「기 좋다」は、「기 나쁘다」と反対の意味に、「기 편하다」は、「기 힘들다」と反対の意味になります。

ki　　oryopta
▌「 기 어렵다 」動詞＋しにくい / しがたい（高難易度）▌　　　🔊)) track 076

聞こえ方

　前に、パッチム「ㄱ / ㄷ / ㅂ / ㄴ / ㅁ」があれば、「kki oryoptta」に聞こえます。母音やパッチム「ㄹ」が来る時は、濁って「gi oryoptta」に聞こえます。

見分け方

　動詞・있다の語幹につきます。自分にとって高難易度の出来事であることを言いたい時に使います。

使い方

① 「기 어렵다」➡「動詞＋しにくい」

kwehwegul seugiga　jom oryomneyo
계획을 세우기가 좀 어렵네요 .　計画を立てるのが少し難しいですね。

mitkki oryoun　iri　ironassoyo
믿기 어려운 일이 일어났어요 .　信じ難いことが起こりました。

kamdongnimante　chongmal chingchan
감독님한테 정말　칭찬받기　監督に本当に誉めてもらいにくいです
patkki oryowoyo
어려워요 .

使い方

動詞・있다語幹 + 기 어렵다（ki oryopta）

💡「기 어렵다」「기 나쁘다（ki nappuda）」「기 힘들다（ki himdulda）」

📖 解説　「기 어렵다」は、「어렵다」が難しいという意味なので、高難易度と言いたい時に、「기 나쁘다」は、「나쁘다」が悪いという意味なので、都合が悪い、状況的によくないと言いたい時に、「기 힘들다」は、「힘들다」が大変という意味なので、大変と言いたい時に使います。

honjaso　kagi　oryowoyo
혼자서 가기 어려워요 .　（ O ）　一人では行きにくいです。

honjaso　kagi　nappayo
혼자서 가기 나빠요 .　（ O ）　一人では行きにくいです。

honjaso　kagi　himduroyo
혼자서 가기 힘들어요 .　（ O ）　一人では行きづらいです。

「가기 어려워요」は、高難易度を問題視する時に、「가기 힘들어요」は、大変さを問題視する時に、「가기 나빠요」は、状況的な悪さを問題視する時に使います。

i　kop ssugi　oryoundeyo
이 컵 쓰기 어려운데요 ?　（ ✕ ）

i　kop ssugi　nappundeyo
이 컵 쓰기 나쁜데요 ?　（ O ）　このカップ、使いにくいですね。

i　kop ssugi　himdundeyo
이 컵 쓰기 힘든데요 ?　（ ✕ ）

　カップの使い方に、難易度や大変さは、考えにくいです。「쓰기 나쁜데요 ?」は、使い勝手の悪さを指摘する言い方です。

MEMO

韓国がよくわかる
KEYWORD
- 文化編 -

セベ（歳拝세배）

　韓国の新年行事として、欠かせないのが、セベです。ここで言う新年は、旧暦の新年のことです。カレンダー通りの新年ではありません。春節という言葉を聞いたことがあると思いますが、これも、旧暦で使われる言葉です。中華圏でも、新年の祝いは、旧暦の方が盛んなのです。旧暦、韓国では、陰暦と言いますが、これは、太陽暦と違うため、それに従う「ソルラル설날 sollal（旧正月のこと）」や「チュソック추석 chusok（お盆のこと）」も、日付が毎年のように変わります。

　韓国では、ソルラルやチュソックのことを名節と言います。「名誉と節操」ではありません。伝統的に、季節ごと、特にこの日は意味が深いと定められた日を、そのように呼んでいるのです。農耕社会だった頃は、名節もたくさんありましたが、今は、実質2つだけとなりました。この2つは、国家指定の休日にもなっています。

　セベは、ソルラルの時に、年長者に対して行うお辞儀のことです。ご先祖にチャレ（略式祭事のこと）を捧げた後、朝ご飯を食べ終わったら、いよいよセベが始まります。まず、祖父母から、そこから年長者の順番に、次から次へと、和気あいあいお辞儀が繰り返されます。長男から次男、三女夫婦という風に、順々にやるのか、それとも、兄弟は、全員一緒、孫たちも全員一緒、というふうにやるのかは、各家庭によって少しずつ異なります。

　お辞儀の仕方ですが、男性は、左手を右手の上に重ね、大体胸の高

さまで両手を上げた後、腰を落とし、両手、左ひざ、右ひざの順番に床につけ、額を両手近くまで持っていき、お辞儀をします。お辞儀をしたら、すぐに起きるのではなく、数秒、止まります。簡単に言えば、平伏に近い形です。女性は、右手が上です。大体胸の高さまで上げるところまでは一緒ですが、平伏にはしないで、ひざを立てて座ったまま、上半身を45度くらい傾けて、お辞儀をします。

　セベをする方は、「おめでとうございます」とか、何かを言う必要はありません。受けた側から、今年も元気で、お仕事も頑張ってね、などと、ねぎらいや励ましの言葉を頂いたら、それに応じる形で返事をするのが礼儀です。子供たちは、セベの後に、お年玉がもらえます。韓国の新年あいさつのかけ言葉は、「今年一年も福をたくさんもらえますように」です。

婚約式？ 約婚式？

　出会い、恋に落ち、付き合い、やがてプロポーズをし、結婚に至る。どこの国であっても、プロセスは、同じです。しかし、結婚に至るまでのしきたりとなると、国によって、民族によって、地方によって、信じる宗教によって、千差万別、ばらばらです。

　韓国で、結婚に至るまでに、まず、越えなければならない、高いハードルの一つ目は、相手のご両親へのあいさつです。これは、どの国でも変わりません。とても緊張しますが、これを無事にクリアできたら、今度は、両家のご両親と本人たちが初顔合わせをするサンギョンネ（相見礼 상견례）をします。韓国では、これをしないカップルはいません。家族構成が違えば、多少の変更はあるにしても、このステップを飛ばす結婚は、ほぼありません。簡単に言えば、両家の初顔合わせ食事会です。それ相応のレストランとかで行います。この段階では、まだ正式に結婚は決まりません。

　これも無事クリアし、結婚への話し合いも熟してきたら、「約婚式」というものをやります。「約婚式」は、日本では使わない言葉ですが、中身的には、欧米などで行われる婚約式とほぼ同じです。結婚が決まった2人が、結婚の契りを、出席者の前で誓うセレモニーです。この「約婚式」の内容は、本当に千差万別です。行わない家もあれば、会場を借りて盛大にやる人もいます。サンギョンネより出席者を増やし、両家家族の合同食事会で済ませる家もあります。結納は、韓国にはあり

ません。日本でも、結納をせずに、顔合わせ食事会をし、そのまま結婚へと進むケースが増えていますが、韓国風に言えば、サンギョンネを行い、そのまま結婚式に向かうようなものです。

　日本語でいう「婚約」は、2人が結婚の約束をすることを意味します。法律上は、結婚を婚約と呼びます。婚約指輪は、婚約の証しで、結婚指輪は、結婚の印です。日本では婚約指輪選びに力を入れるのが普通ですが、韓国では逆です。約婚指輪は、結婚約束の印なので、そこまで高価なものは、用意しません。高額になるのは、結婚指輪の方です。

　韓国語では、「婚約」という言葉はあまり使いません。「約婚」を使います。事柄は同じなのに、また、実際やっていることもほぼ同じなのに、使用する言葉が違うのは、面白い現象です。

初雪、初恋

　韓国ドラマファンではおなじみの「初恋と初雪」。「一緒に初雪を見ると恋が芽生える」「初雪の日に告白すると恋が叶う」など、韓国人にとって、初雪の日は、年に一度のロマンティックでとても大切な日なのです。「冬のソナタ」、「トッケビ」、「星から来たあなた」、「愛の不時着」などでも初恋と初雪が効果的に使われていました。

　ここでは、「初雪の日に会おう」というチョン・ホスン詩人の有名な詩を抜粋して紹介しましょう。

　初雪の日に会おう。

　純白の小路をさくさく、白い足跡を残しながら、

　初雪の日に会うことにした、その人に会いに行こう。

　恋する人は、初雪を待つ。

　初雪を待つ人は、初雪のような世の中を待つ。

　初雪の日に会おうと、約束をする人たちのために

　初雪は、降る。

　これは、別の詩です。

僕も、その約束をした。

初雪が降ったら、あの喫茶店で会おうねって。

来るまで待つから、絶対来てねって。

初雪の積もった、夜のきらきらを、腕を組んで、歩いた。

歩きすぎて、お腹が空いて、ほっかほっかの焼き栗を食べた。

今は、約束は、ない。

しかし、今日も誰かに会いたく、初雪に高鳴る。

会おうって、言える人、いるかな・・・

初雪の日に会いたい人、一人でいい。

一人いたら、いい。

人財、人材、人在、人罪、人災

　４つのジンザイは、比較的よく使われる言葉です。意味合いとしては、次の通りです。

　「人材」は、そこにいたら材料になる人です。つまり、やれと言われたらやる、いわば将棋の駒のような人です。「人在」は、いるだけの人です。頭数にはカウントされますが、いるだけなので、周りの助けなしには生きていけない人です。

　「人罪」は、いたら罪になる人です。いたら罪になる人なんているのか、と思われるかもしれませんが、いるだけで他人に精神的、物的損害を与えるとしたら、その人は「人罪」です。

　最後の「人災」ですが、いたら災いとなる人です。例えば、コロンブスなどは、いい例です。今日にまで続く人種差別のアルゴリズムを作った彼は、正に災い以外の何物でもありません。

　皆さんは、現段階でこの５つのうち、どれに当てはまるでしょうか？もしかしたら、これを読んで落ち込んだりしていませんでしょうか。でも、よく考えてみて下さい。産声を上げ、生まれた時に、皆さんのご両親は、「この子、大きくなったら人罪になるかも、恐ろしいな」と思ったでしょうか。それとも、「この子、人在以上にはならないだろうから、われわれが頑張ろうね」としみじみ会話をしたでしょうか。そんな親はいません。皆おめでとうと言いますし、ありがとうと言います。生まれた時は、みんな「人財」なのです。正に宝なのです。子宝とい

う日本語は、実にいい言葉です。しかし、成長とともに、周りの大人たちの比較する言い方、見下げた言い方などに押しつぶされ、どんどん自分を下げていきます。またみずからも、「どうせ俺ってこんなものだよ」と言いながら、自分を下げていきます。

　善い人は良いものを入れた心の倉から良いものを出し、悪い人は悪いものを入れた倉から悪いものを出す。人の口は、心からあふれ出ることを語るのである。　ルカによる福音書6章45節

　周りのせいにするのは、簡単です。しかし、そこからは、何も生まれません。心の倉に良いものを入れたら良いものが出てきます。悪いものを入れたら悪いものが出てきます。入れるのは、自分です。他人ではありません。選択するのも、自分です。他人ではありません。

人が「動く」のだから、それは「働き」になるべき

　「人は、宝なのだ」という考え方を、初めて産業現場に浸み込ませた企業があります。トヨタ自動車です。彼らは、倒産の危機に直面した時に「Just In Time」という自分たちの社長が言い残した言葉を思い出します。必要なものを、必要な時に、必要な分だけ生産しようという考え方です。そうすると、無駄がなくなります。彼らは、それを実践するために、試行錯誤の末、自働化を編み出しました。「にんべんのじどうか」と言います。彼らは、その2本柱で現場を動かしました。「動」に「にんべん」がついた「働」という字は、日本の字です。「人が動くのだから、それは、価値のある動きであるべき」というのが、その極意です。

　人間は、生まれると同時に死んでいきます。つまり、命を削りながら生きていくのです。その人間がものづくりをしているのだから、不良品、無価値なものを作ったら、その人は、無駄な命を使ったことになります。これが、「Toyota Production System」の根幹となりました。

　学生だというのに、勉強をしないとしたら、敢えて厳しい言い方をしますが、無駄で、無価値な時間の過ごし方です。勉強は、してもしなくてもいいものではありません。「学生」でいる今だからこそ出来る、今やらなければいけない大切な「働き」なのです。勉強だけが人生ではないと詭弁を言う人がいますが、大学に入ってやるのは、まず勉強です。それが「学生」の「働き」だからです。大学は、勉強以外の何

かで人生経験を積むために入ってくるところではありません。

　トヨタは、TPSを集大成し、1975年に本の形で一般公開をしました。それが、韓国にまで知れ渡ると、1990年前後から、年間数万名の韓国企業の人たちが、日本に来てTPSのことを学ぶようになりました。そのTPS研修を皮切りに、年間で10万人以上の韓国の企業人、行政、団体などが日本に来て、ありとあらゆる分野のノウハウを習得していきました。ある家電会社に見学に行った時のことを、私は今も忘れません。現場をあまりにも詳しく見せてくれるので、焦って聞いたのです。大丈夫ですかと。答えは、笑みとともに返ってきました。「いいじゃないですか。仲間なのだから。困っているのだから、助けてあげましょうよ」

　「宝」、「財」の織り成す業だと思います。

韓国の概要

　韓国は言うまでもなく、日本から最も近い国です。飛行機で大体2時間くらいの距離にあり、福岡からだと船でも行けます。ビートルという高速船が博多港から出ていますが、韓国南部の大都市、釜山までわずか3時間で行けます。また、博多や山口の下関からは、大型の旅客船も出ており、5時間〜7時間で釜山に着きます。

　東京からソウルまでは、1,159km、ちょうど福岡までの距離とほぼ同じです。福岡から釜山までの距離は、214kmです。

　朝鮮半島の面積は、22万㎢ですが、韓国だけだと、10万㎢で、日本の1/4にもなりません。北海道に青森を足したものより、少し広いだけです。

　日本の国獣は、一応、キジということになっていますが、韓国人は、古くから、自国のイメージを、ウサギと虎という、全く違う性格の動物に例えてきました。

　韓国の国花は、むくげです。日本では、あまりなじみのない花ですが、議員のバッジや政府のロゴマーク、パスポートの紋章など、すべてこのむくげの花をモチーフにしています。

　韓国のナショナルフラッグは、太極旗と言います。中央の赤と青は、陰陽が一つになり、万物を想像することを表しています。周りにある4種の短い線模様は、四掛といい、それぞれ、天地月日、東西南北、春夏秋冬を意味します。フラッグの白地は、平和の精神を表します。

韓国の国旗が、今の形になったのは 1948 年韓国政府樹立の時です。その前の大韓帝国の時のものとは、真ん中の模様も少し違っていて、四罫も反転したような配置になっています。

　朝鮮半島には、今 2 つの国があります。北にあるのが、朝鮮民主主義人民共和国、略して北朝鮮で、南にあるのが、大韓民国、略して韓国です。2 つの国は、DMZ（非武装地帯）で隔てられています。

　韓国の人口は、2021 年推定で 5,177 万名、出生率は、2020 年基準で 0.836 名、1 人当たり GDP は、2021 年推定で、34,870 ドルです。

ある金メダル

　皆さんは、韓国でオリンピックが開かれたことを、ご存じですか？ 1988 年のことですが、当時は、先進国以外で開かれた、初めてのオリンピックでした。

　韓国のオリンピックの歴史を語る時に、忘れられないのが、1936 年ベルリンオリンピックでの出来事です。勘の鋭い方は、お気づきだと思いますが、当時の朝鮮半島は、日本でした。ですから、1936 年のオリンピックに出た韓国の選手がいたとすれば、その選手は、韓国代表ではなく、日本代表ということになります。

　1936 年のベルリンオリンピックは、ヒトラー政権の威容を誇示するためのプロパガンダとして開催されました。今であれば、想像も出来ません。おそらく、中止させられたことでしょう。

　話を戻しますが、そのベルリンオリンピックに、朝鮮のある青年が日の丸をつけて走りました。何と、マラソンで優勝し、金メダルを取ったのです。当然、ユニフォームには、日の丸がつけられていました。

　ところで、当時の朝鮮のある新聞社が、その日の丸を消して報道したのです。朝鮮民衆からは、拍手喝さいを浴びましたが、担当記者は、逮捕され、当の東亜日報は、閉刊に追い込まれました。実は、銅メダルを取ったのも朝鮮人でした。初めて、アジア人が、金と銅を取ったのです。その主人公、ソン・ギジョン（孫基禎）さんの述懐です。

　「記録は、２時間２９分１９秒２、当時の世界最高記録でした。表

彰台にあがると頭に月桂冠、さらにかしわの若木を両手で頂きました。怒涛のように、大観衆の拍手がわきおこりました。ところが、わたしの優勝の歓喜に酔いしれたまさにその時でした。空に日章旗があがり、君が代が鳴り響いたのです。驚天動地の心境でした。私はそれまで、優勝すると日章旗が掲揚されるとは夢にも思っていなかったのです。亡国のくやしさとみじめさ、悲しさと怒りが胸底に深く沈下し、涙がとめどなく頬を伝わりました。日本の人々には、あれは優勝の栄冠に輝いた感激の涙だといいました。しかしそうではなかったのです。心の中では、憤怒の叫びをあげていたのです。俺は日本人じゃない、韓国人なんだ。私は、この時、日の丸のために、二度と走るものかと決意しました」

韓国の金メダリスト

　韓国の歴代オリンピックの順位ですが、ソウルオリンピックの時が最高で４位、ロンドンの時が５位、2016 年のリオでは、11 位でした。終わったばかりの東京オリンピックの成績が、直近では、最も低調です。

　金メダルの数だけを見ると、ソウルオリンピック 12 個、バルセロナオリンピック 12 個、アトランタオリンピック７個、シドニーオリンピック８個、アテネオリンピック９個、北京オリンピック 13 個、ロンドンオリンピック 13 個、リオデジャネイロオリンピック９個、東京オリンピック６個で、まずまずの成績を挙げています。

　韓国のオリンピック代表は、日本のマスコミでも度々報じられている通り、メダルを取ると、国から褒賞金と年金がもらえます。金メダルの年金が 100 万ウォン、銀が 75 万ウォン、銅が 52 万 5 千ウォンで、年金ですから、一生涯もらえます。

　その他に、褒賞金として、金メダルは６千万ウォン、銀メダルが３千万ウォン、銅メダルが１千 8 百ウォンがもらえます。これは、国からもらう額で、それ以外にも、各競技団体やその競技団体の長から一時金をもらえることがあるので、オリンピックでメダルを取ると、国民的な関心はもちろん、ちょっとした宝くじに当たったような気分になります。

　男性は、それに加え、兵役の義務も免除されます。もちろんそれだけで必死になるわけではありませんが、それが大きな要因になってい

るのは、言うまでもありません。

　人は、なぜスポーツを見て、興奮したり、感動したりするのでしょうか。勝ったら喜び、負けたらがっかりする、見なきゃいいのに、と思ったりもします。

　極限を追及するからなのだろうと思います。極限を突き破り、到底及ばないだろうと思っていたそこに指先が届く、正にその瞬間、神になる、なった気がする、なれる気がする、そういったところに、人間は、アドレナリンを出し、カタルシスを感じ、魂の憑依をするのだろうと思います。

　スポーツは、本来、魂の雑じり気のない清澄のために、あらねばならないものだと思います。そこに、澱が混じり始めたら、いよいよ、人間の醜悪さだけがクローズアップされ始めます。

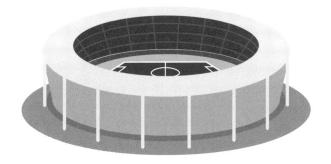

成形

🇰🇷

　成形、整形、同じ「せいけい」なので、分かりにくいですが、韓国では、幸い発音が違うので、紛らわしいことは、ありません。そのまま使います。整形外科では、体の芯になる骨や関節、それを取り囲む筋肉、神経系などを治療し、成形外科では、体の表面を治療したり、美容目的の治療を行ったりします。

　韓国の成形外科は、総人口当たりの数や専門医の数が、世界トップクラスで、人口比、成形手術件数も世界1位です。

　彼女に成形してほしいと思っている部分はどこかという、ふざけたアンケートがあったので、調べてみました。1位が胸、2位が脂肪吸入/足、3位が鼻、4位がお尻/顔の形、の順番でした。

　余計なお世話です。つまりは、そのアンケートの順番に、彼女のことが気に入らないということでしょうから、なら、とっとと別れて、お前の理想とする女に出逢えよ、と言いたくなります。すみません、ちょっと過激になりました。

　今度は、女性たちに聞きました。最も直したいところは、1位が顔の形、2位が鼻、3位がほぼ一緒で、目と体つき、4位が歯の順番でした。

　また、別の成形関連のアンケートがあったので、それも調べてみました。10名中4名に成形の経験があると答えており、理由を訊ねると、男性は、1位、周りから勧められて、2位、恋に有利と思ったから、3位、他人の外見が羨ましかったから、の順番になっており、女性は、1

位、他人の外見が羨ましかったから、2位、周りから勧められて、3位、外見で差別されたことがあったから、の順番になっていました。

　術後7割の人が、自信が持てるようになった、6割が、結果に満足している、5割が、対人関係がよくなった、と答えており、成形の結果に多いに満足していることが分かります。

　一方、受けたことがない人は、副作用に対する心配や周りの視線、などを理由に踏み切れなかったと答えており、もし受けるとすれば、目、鼻、あごの順番に受けたいと答えています。

　自分がやりたいのであれば、やっていいと思います。他人がとやかく、言うような問題ではない気がします。

第 9 章

接続表現

この章では、文と文をつなぐ接続表現について学びます。

「는」動詞・있다 / 없다の現在連体形

聞こえ方

　前に、パッチム「ㄱ / ㄷ / ㅂ」が付く場合、「ㅇ / ㄴ / ㅁ」に変化して聞こえます。「는＋名詞」に気づいたら、言葉の冒頭を確認しなければなりません。「ㅇ / ㄴ / ㅁ」と聞こえるものが、最初からのものなのか、「ㄱ / ㄷ / ㅂ」から変化したものなのかで、意味が変わってくるからです。

見分け方

　動詞・있다 / 없다の語幹につきます。現在連体形としての機能を持ちます。

---

① 「는」➡「動詞・있다 / 없다＋現在連体形」

---

inkki innun undong
인기 있는 운동　　　　　　　人気のある運動

cha ran ganun iyu
잘 안 가는 이유　　　　　　あまり行かない理由

nega hanun il
내가 하는 일　　　　　　　私がやっている仕事

kakkum mongnun ppang
가끔 먹는 빵　　　　　　　たまに食べるパン

sengil tte pannun sonmul
생일 때 받는 선물　　　　　誕生日の時にもらうプレゼント

madomnun gwail
맛없는 과일　　　　　　　まずい果物

kurim kurinun got
그림 그리는 것　　　　　　絵を描くこと

chegul ingnun gosi jossumnida
책을 읽는 것이 좋습니다 .　本を読むのがいいです。

使い方

動詞・있다 / 없다語幹 ＋ 는 (nun)

「ㄴ / 은」形容詞・이다の現在連体形 / 動詞の過去連体形 🔊 track 078

聞こえ方

　「은」の前にパッチムがある場合には、連音して聞こえます。パッチムの有無でつき方が変わるので、不規則活用をします。「n/un ＋名詞」に気づくことが出来たら、言葉の冒頭に集中し、意味を突き止めることです。

見分け方

　パッチム有語幹には「은」が、パッチム無語幹には「ㄴ」がつきます。動詞についたら、過去連体形に、形容詞についたら現在連体形になります。

① 「ㄴ / 은」 ➡ 「動詞＋過去連体形」

- -

kodunghakkyotte　mannan chingu
고등학교때 만난 친구　　　　　　高校の時に会った友達

achime　　mogun bap
아침에 먹은 밥　　　　　　　　　　朝、食べたご飯

oje　　bon yonghwa
어제 본 영화　　　　　　　　　　　昨日観た映画

kyoure　　ibun　ot
겨울에 입은 옷　　　　　　　　　　冬、着た洋服

turun　neyonggwa katun　got
들은 내용과 같은 것　　　　　　　　聞いた内容と同じもの

② 「ㄴ / 은」 ➡ 「形容詞＋現在連体形」

- -

i　suobe　　joun　jom
이 수업의 좋은 점　　　　　　　　この授業のよいところ

siwonan　　param
시원한 바람　　　　　　　　　　　涼しい風

himdun il
힘든 일　　　　　　　　　　　　　大変な仕事 / 厳しいこと

nappun giok
나쁜 기억　　　　　　　　　　　　悪い記憶

kattun　gosul　gorusipsio
같은 것을 고르십시오 .　　　　　同じものを選んで下さい。

動詞・形容詞パッチム有語幹 **＋** 은（un）

動詞・形容詞パッチム無語幹 **＋** ㄴ（n）

「 ㄹ / 을 」
l / ul

動詞・形容詞・있다 / 없다・이다の未来連体形 / 時間連体形 ◀)) track 079

聞こえ方

「을」の前にパッチムがある場合には、連音して聞こえます。パッチムの有無でつき方が変わるので、不規則活用をします。「l/ul ＋名詞」に気づくことが出来たら、言葉の冒頭に集中し、意味を突き止めることです。

見分け方

パッチム有語幹には「을」が、パッチム無語幹には「ㄹ」がつきます。未来連体形、時間連体形として使います。

---

① 「ㄹ / 을」 ➡ 「動詞・形容詞・있다 / 없다・이다の未来連体形」

---

sogehal komnida
소개할 겁니다 .　　　　　　　　　紹介します。（予定）

naljjarul jonghal senggagimnida
날짜를 정할 생각입니다 .　　　　日付を決めるつもりです。

nenyonbuto danil hakkyo
내년부터 다닐 학교　　　　　　　来年から通う学校

pokchapal ko katayo
복잡할 것 같아요 .　　　　　　　混みそうです。（複雑そうです）

kogi opsul kot katsumnida
거기 없을 것 같습니다 .　　　　　そこに、いなさそうです。

② 「ㄹ / 을 때」→「動詞・形容詞・있다 / 없다・이다＋時間連体形」

---

umsigul　jarul　tte ssoyo
음식을 자를 때 써요.　　　　　　食べ物を切る時に使います。

sari　mani　jjyossul tte
살이 많이 쪘을 때　　　　　　　　だいぶ太っていた時

chunghaksengiossul　tte
중학생이었을 때　　　　　　　　　中学生だった時

chal morugessul　tte
잘 모르겠을 때　　　　　　　　　よく分からない時

chal tte
잘 때　　　　　　　　　　　　　寝る時

 「ㄹ / 을 때（l/ul tte）」の使い方

 「때」につく「動詞＋ㄹ / 을」は、未来形ではありません。「動詞＋는 때」と同様、現在形です。「ㄹ / 을 때」は、「動詞＋는 때」「形容詞＋ㄴ / 은 때」などと併用して使いますが、頻度が高いのは、圧倒的に「ㄹ / 을 때」です。

himanghanun　tte
희망하는 때　　　　　　　　　希望する時

himanghal　tte
희망할 때　　　　　　　　　　希望する時

「した時」は、「았을 때 / 었을 때 / 했을 때」と言います。

mannassul　tte
会った時 ➡ **만났을 때**

turogassul　tte
入った時 ➡ **들어갔을 때**

korossul　tte
歩いた時 / かけた時 ➡ **걸었을 때**

oryowossul　tte
厳しかった時 ➡ **어려웠을 때**

ipakkessul
入学した時 ➡ **입학했을 때**

　一方、「小さい時 ⋯➡ 어릴 때 oril tte」「小さい時 ⋯➡ 어렸을 때 oryossul tte」は、「어렸을 때」の方が、より過去を強調する言い方となります。

動詞・形容詞・있다 / 없다パッチム有語幹 **+** 을（ul）

動詞・形容詞・이다パッチム無語幹 **+** ㄹ（l）

「 아서 / 어서 」
aso oso
動詞・形容詞・있다 / 없다・이다 **+** て / ので / から

◀)) track 080

　前に、パッチムがある場合には、連音した音が聞こえます。「아 / 어」を含んでいるので、不規則活用をします。TOPIK Ⅰ レベルの中にも、対象となる言葉がたくさんあります。文の途中から「aso/oso」の「so」が聞こえたら、「아 / 어」に気づくことです。

　陽母音語幹には「아서」が、陰母音語幹には「어서」がつきます。「A 아서 / 어서 B」は、A の流れの中で B が発生することを言う時に使います。

① 「아서 / 어서」➡ 「動詞・形容詞・있다 / 없다・이다 **+** て」

nujoso　mianeyo
늦어서 미안해요 .

遅れてすみません。

kachi　manduroso　mogoyo
같이 만들어서 먹어요 .

一緒に作って食べましょう。

chumare　kaso　dowa　durilkeyo
주말에 가서 도와 드릴게요 .

週末に行ってお手伝いします。

kiri　makyoso　nujossoyo
길이 막혀서 늦었어요 .

道が混んでいて遅れました。

② 「아서 / 어서」➡ 「動詞・形容詞・있다 / 없다・이다 **+** ので」

momi　an joaso　jibe　issossoyo
몸이 안 좋아서 집에 있었어요 .

体調がよくないので家にいました。

_{uri} _{chibeso} _{kakkawoso} _{joayo}
우리 집에서 가까워서 좋아요 .

家から近いので、いいです。

_{yongwarul} _{joaheso} _{jaju} _{bwayo}
영화를 좋아해서 자주 봐요 .

映画が好きなので、よく観ます。

---

③「아서 / 어서」➡「動詞・形容詞・있다 / 없다・이다＋から」

_{maume} _{an} _{duroso} _{gumandun} _{goyeyo}
마음에 안 들어서 그만둔 거예요 .

気に入らないから辞めたのです。

_{puk} _{swioso} _{ije} _{gwenchanayo}
푹 쉬어서 이제 괜찮아요 .

ゆっくり休んだから、もう大丈夫です。

_{kyongchiga} _{mosissoso} _{kakkum} _{ojyo}
경치가 멋있어서 가끔 오죠 .

景色が素晴らしいから、時々来ますね。

💡 「～니까 / 으니까（nikka/unikka）」「～아서 / 어서（aso/oso）」
「～기 때문에（gi ttemune）」

 解説
「A 니까 / 으니까 B」は、B の成立を、主観的かつ一方的な論理で説明する時に使います。
「A 아서 / 어서 B」は、B の成立を、A の自然な流れの結果として説明する時に使います。
「A 기 때문에 B」は、B の成立を、論理的理由で説明する時に使います。

_{nujossunikka} _{mianamnida}
늦었으니까 미안합니다 . （✘）

_{nujoso} _{mianamnida}
늦어서 미안합니다 . （〇）　遅れてすみません。

_{nujotki} _{ttemune} _{mianamnida}
늦었기 때문에 미안합니다 . （✘）

「늦었으니까」は、遅れたことを、主観的かつ一方的な論理で乗り越えようとする言い方になります。お詫びにはなりません。「늦어서」は、自然な流れの結果としてお詫びを言っているので、使います。「늦었기 때문에」は、遅れた理由を、理屈っぽく言っていることから、お詫びになりません。

_{chungbuni} _{swiotkittemune} _{gwenchanayo}
충분히 쉬었기 때문에 괜찮아요 .

充分休んだので、大丈夫です。

_{chungbuni} _{swiossunikka} _{gwenchanayo}
충분히 쉬었으니까 괜찮아요 .

充分休んだから、大丈夫です。

_{chungbuni} _{swioso} _{gwenchanayo}
충분히 쉬어서 괜찮아요 .

充分休んだので、大丈夫です。

「쉬었기 때문에」は、「괜찮아요」と判断する論理的理由を、「쉬었으니까」は、「괜찮아요」と判断する自己流の理屈を、「쉬어서」は、「괜찮아요」と判断する自然な理由を言う言い方なので、3つ全部使えます。

sigani　opkittemune　kkunnegetsumnida
시간이 없기 때문에 끝내겠습니다 .　時間がないので、終わります。

sigani　opsoso　kkunnegetsumnida
시간이 없어서 끝내겠습니다 .　時間がないので、終わります。

sigani　opsunikka　kkunnegetsumnida
시간이 없으니까 끝내겠습니다 .　時間がないから、終わります。

　これが会議の場面だとしたら、終わらせる理由を論理的に伝える「시간이 없기 때문에」が最も適切です。「시간이 없으니까」は、終わらせる理由を、一方的な論理で片付けようとするので、強引に聞こえます。「시간이 없어서」は、自然な流れで会議が終わるイメージですが、理由としては弱いです。

使い方

> 動詞陽母音語幹 **＋ 아서** (aso)
> 動詞・있다陰母音語幹 **＋ 어서** (oso)

※陽母音とは、「아 (a) / 오 (o)」のことです。陰母音とは、「아 (a) / 오 (o)」以外の母音のことです。

raso　iraso
「 라서 / 이라서 」名詞＋なので / だから

◀)) track 081

聞こえ方

　「이라서」の前に、パッチムがある場合には、連音して聞こえます。

見分け方

　パッチム有名詞には「라서」が、パッチム無名詞には「이라서」がつきます。「A 라서 / 이라서 B」は、A の流れの中で B が発生する時に使います。

① 「라서 / 이라서」→「名詞＋なので / だから」

iryoiriraso　　　　ama　a　nal koyeyo
일요일이라서 아마 안 할 거예요 .　日曜日だから、多分やっていないと思います。

nega　mandun goraso　ssayo
내가 만든 거라서 싸요 .　私が作ったものなので安いです。

cho　palpyoraso　iljjik　kaya　dweyo
저 , 발표라서 일찍 가야 돼요 .　私、発表なので、早く行かないといけないんですよ。

che chegimirasoyo
제 책임이라서요 .　私の責任だからです。

使い方

パッチム有名詞 **＋** 이라서 (iraso)
パッチム無名詞 **＋** 라서 (raso)

ado　　　　odo
「 **아도 / 어도** 」動詞・形容詞・있다 / 없다・이다＋ても　◀)) track 082

聞こえ方

前に、パッチムがある場合には、連音した音が聞こえます。「아 / 어」を含んでいるので、不規則活用をします。TOPIK I レベルの中にも、対象となる言葉がたくさんあります。文の途中から「ado / odo」を聞き取ることが出来たら、言葉の冒頭に注意し、意味を突き止めることです。

見分け方

陽母音語幹には「아도」が、陰母音語幹には「어도」がつきます。「A 아도 / 어도 B」は、A の仮定ないし譲歩を凌いで、B が成立していることを言う時に使います。

◀)) track 083

① 「아도 / 어도」 ➡ 「動詞・形容詞・있다 / 없다・이다＋ても」

chimiopsodo ususeyo
재미없어도 웃으세요.　　　　面白くなくても笑って下さい。

kinun jagado himun semnida
키는 작아도 힘은 셉니다.　　　身長は小さくても力は強いです。

amuri yonsubul hedo an nuroyo
아무리 연습을 해도 안 늘어요.　いくら練習をしても伸びません。

yogiso kidaryodo amudo a nwayo
여기서 기다려도 아무도 안 와요.　ここで待っても誰も来ませんよ。

使い方

動詞陽母音語幹 ＋ 아도（aso）

動詞・있다陰母音語幹 ＋ 어도（oso）

※陽母音とは、「아 a/ 오 o」のことです。陰母音とは、「아 a/ 오 o」以外の母音のことです。

「 니까 / 으니까 」
nikka　unikka
動詞・形容詞・있다 / 없다・이다＋から / たら（意図の因果）

聞こえ方

　「으니까」は、前にパッチムがある場合には、連音した音が聞こえます。パッチムの有無でつき方が変わるので、不規則活用をすることがあります。TOPIK Ⅰレベルの中にも、対象となる言葉があります。言葉の冒頭をしっかり聞き取り、意味を突き止めることです。

見分け方

　パッチム有語幹には「으니까」が、パッチム無語幹には「니까」がつきます。「A 니까 / 으니까 B」は、B の成立の理由を、主観的かつ一方的な論理で説明する時に使います。

① 「니까 / 으니까」→「動詞＋たら」

pakke naonikka kibuni jonneyo
밖에 나오니까 기분이 좋네요 .　外に出たら、気持ちがいいですね。

arabonikka sasiri anieyo
알아보니까 사실이 아니에요 .　調べてみたら事実ではないんですよ。

soure tochakanikka yolttusiyotsumnida
서울에 도착하니까 12 시였습니다 .　ソウルに着いたら 12 時でした。

② 「니까 / 으니까」→「動詞＋から」

edul janikka choyongi heyo
애들 자니까 조용히 해요 .　子供たち、寝ているから静かにして下さい。

chibesodo hal su issunikka joayo
집에서도 할 수 있으니까 좋아요 .　家でも出来るからいいです。

ssanikka sajo
싸니까 사죠 ?　安いから買いましょうよ。

chimiopsumikka gunyang gayo
재미없으니까 그냥 가요 .　つまらないから、もう帰りましょう。

使い方

動詞・形容詞・있다 / 없다パッチム有語幹 ＋ 으니까 (unikka)
動詞・이다パッチム無語幹 ＋ 니까 (nikka)

ni uni
「 니 / 으니 」動詞・形容詞・있다 / 없다・이다＋たら / から　◀)) track 084

聞こえ方

「으니」は、前にパッチムがあれば、連音した音が聞こえます。パッチムの有無でつき方が変わるので、不規則活用をします。案内放送などの限られた文章で使われます。

見分け方

パッチム有語幹には「으니」が、パッチム無語幹には「니」がつきます。「A 니 / 으니 B」は、B の成立の理由を、主観的かつ一方的な前提で説明する時に使います。

① 「니 / 으니」 → 「動詞＋たら」

sara boni gwenchanayo
살아 보니 괜찮아요 .

暮らしてみると大丈夫です。

chikchom mannani senggagi dallajimnida
직접 만나니 생각이 달라집니다 .

直接会ったら気が変わります。

nunul ttugo boni jibiotsumnida
눈을 뜨고 보니 집이었습니다 .

目を開けたら家でした。

② 「니 / 으니」 → 「動詞・形容詞・있다 / 없다・이다＋から」

pomi oni kkochi pinun gojiyo
봄이 오니 꽃이 피는 거지요 .

春が来るから花が咲くのです。

yegami an jouni josimhaseyo
예감이 안 좋으니 조심하세요 .

予感がよくないから、気を付けて下さい。

sonmuri junbidweo issuni manun
선물이 준비되어 있으니 많은
chamsok putakturimnida
참석 부탁드립니다 .

お土産が用意されていますから、たくさんのご参加、お願いします。

nega kuron gol jal motani
내가 그런 걸 잘 못하니
simsimhagetjiyo
심심하겠지요 .

私がそういうのが不器用だから、退屈なのでしょう。

使い方

動詞・形容詞・있다 / 없다パッチム有語幹 ＋ 으니 (uni)

動詞・이다パッチム無語幹 ＋ 니 (ni)

「 고 」動詞・形容詞・있다 / 없다・이다＋して / してから   ◄)) track 085

go

聞こえ方

前に、パッチム「ㄱ / ㄷ / ㅂ / ㄴ / ㅁ」があれば、「kko」に聞こえます。母音やパッチム「ㄹ」が来る時は、濁って「go」に聞こえます。

見分け方

動詞・形容詞・있다 / 없다・이다の語幹につきます。「A 고 B」は、下記の①のように、連続性がない場合と、②のように、連続性がある場合とがあります。①は、時間と関係なく 2 つの出来事を並べて言う時に、②は、A と B を時間的に並べて連続性を持たせる時に使います。

① 「고」➡「動詞・形容詞・있다 / 없다・이다＋て」

chonun uisaigo   anenun
저는 의사이고 아내는
kanhosaimnida
간호사입니다.

私は医者で、家内は看護師です。

chekto manko uijado   pyonanamnida
책도 많고 의자도 편안합니다.

本も多いし、椅子も心地いいです。

noredo   purugo   chumdo peumnida
노래도 부르고 춤도 배웁니다.

歌も歌い、ダンスも習います。

② 「고」➡「動詞＋てから」

chikchop kajigo   oseyo
직접 가지고 오세요.

直接お持ち下さい。

chonchol tago   kal komnida
전철 타고 갈 겁니다.

電車に乗って行くつもりです。

akkkinun   pogo   sayajiyo
악기는 보고 사야지요.

楽器は見てから買わないとだめでしょう。

yagul   mokko pihenggirul   tatsumnida
약을 먹고 비행기를 탔습니다.

薬を飲んで飛行機に乗りました。

taumul   ilkko   murume   dapasipsiyo
다음을 읽고 물음에 답하십시오.

次を読んで問に答えて下さい。

「아서 / 어서（aso / oso）」と「고（ko）」

解説　「아서 / 어서」は、A の流れの中で B が発生していることを言いたい時に、「～고」は、複数の出来事を並べて言いたい時に使います。

anjaso   haseyo
앉아서 하세요.（〇）

座ってやって下さい。

anko   haseyo
앉고 하세요.（✕）

「하세요」は、「앉아서」という条件の中で成立するものです。したがって、「앉아서 하세요」が、使えます。それに対し、「앉고 하세요」は、「앉다」と「하다」を並べているだけなので、成立しません。

pekwajome　kaso　sayo
백화점에 가서 사요. （〇）　　　デパートへ行って買いましょう。

pekwajome　kago　sayo
백화점에 가고 사요. （✕）

「백화점에 가고 사요」は、使えません。デパートと買うこととがつながらないからです。

chonchol tago　kal komnida
전철 타고 갈 겁니다. （〇）　　　電車に乗って行くつもりです。

chonchol taso　kal komnida
전철 타서 갈 겁니다. （✕）

yagul　mokkko pihenggirul　tatsumnida
약을 먹고 비행기를 탔습니다. （〇）　薬を飲んで飛行機に乗りました。

yagul　mogoso pihenggirul　tatsumnida
약을 먹어서 비행기를 탔습니다. （✕）

「타서」「먹어서」が言えないのは、それらが後ろの「갈 겁니다」「비행기를 탔습니다」を誘発しているわけではないからです。「아서 / 어서」は、前後に因果関係が成立する時に使うものです。連続性はあっても、因果の関係にない場合には、「약을 먹고」「전철을 타고」のように、「고」を使います。

使い方

動詞・形容詞・있다 / 없다・이다語幹 ＋ 고（go）

nunde
「 는데」動詞・있다 / 없다 ＋ けど / のに（前置き）　　　◀) track 086

聞こえ方

前にパッチム「ㄱ / ㄷ / ㅂ」が来たら、「ㅇ / ㄴ / ㅁ」に変化して聞こえます。

見分け方

動詞・있다 / 없다語幹につきます。「A 는데 B」は、A が B を展開するための前置きになる時に使います。

① 「는데」 ➡ 「動詞・있다 / 없다＋けど / のに」

일본어 수업을 듣고 있는데
ilbono   suobul   tutko   innunde
재미있어요 .
chemiissoyo

日本語の授業に出ているんだけど、面白いです。

시간 없는데 빨리 시작하시죠 ?
siga   nomnunde ppalli   sijakasijyo

時間がないんだけど、早く始めましょう。

숙제 하는데 같이 할래요 ?
sukche   hanunde   kachi   halleyo

宿題、やっているんだけど、一緒にやりますか？

지금 밥 먹는데요 ?
chigum   pam mongnundeyo

今、ご飯、食べているんですけど。

친구하고 놀러 가는데요 ?
chinguhago   nollo   ganundeyo

友達と遊びに行くんですけど。

 「데」 と 「지만」

 「데」は、後ろの話を引き出すための前置きを言いたい時に、「지만」は、前の内容を認めつつ、それと反対のこと、または、新たな条件を言いたい時に使います。

어머니가 오시는데 나가요 ?（〇）
omoniga   osinunde   nagayo

お母さんが来るのに出かけるのですか？

어머니가 오시지만 나가요 ?（✕）
omoniga   osijiman   nagayo

「오시지만」が使えないのは、お母さんが来ることと、出かけることと、反対のことにはならないからです。「오시는데」は、「나가요」を言うための前置きになります。

처음에는 못했는데 요즘은 잘해요 .
choumenun   motennunde   yojumun   jareyo

最初はあまり出来なかったけど、最近は上手です。

처음에는 못했지만 요즘은 잘해요 .
choumenun   motetchiman   yojumenun jareyo

最初はあまり出来ませんでしたが、最近は上手です。

「못하다 motada」と「잘하다 jarada」は、逆の出来事です。「못했는데」は、逆の出来事である「잘해요」を言うための前置きとして、「못했지만」は、後ろにそれと逆の出来事が起きていることを言う時に使います。

> ### 使い方

> 動詞・있다 / 없다語幹 **＋** 는데（nunde）

「 ㄴ데 / 은데 」形容詞・이다＋けど / のに（前置き）　　🔊) track 087
nunde　　unde

> ### 聞こえ方

「은데」は、前にパッチムがある場合には、連音した音が聞こえます。パッチムの有無によってつき方が変わり、不規則活用もします。「ㄴ데 / 은데」が頻度の高い表現であることと、不規則が多いことを考えると、文の途中で、「de」が聞こえたら、形容詞の冒頭をしっかり聞き取ることが重要となります。

> ### 見分け方

パッチム有語幹には「은데」が、パッチム無語幹には「ㄴ데」がつきます。「A ㄴ데 / 은데 B」は、A が B の前置きであることを言う時に使います。

---

① 「ㄴ데 / 은데」→「形容詞・이다＋けど / のに」

nalssido dounde odi gaseyo 날씨도 더운데 어디 가세요 ?	天気も暑いのに、どこに行くのですか？
onul swinun narindeyo 오늘 쉬는 날인데요 ?	今日、休みですけど。
momdo an jounde jom swiseyo 몸도 안 좋은데 좀 쉬세요 .	体調もよくないのに、少し休んで下さい。
tondo manko kido kunde siroyo 돈도 많고 키도 큰데 싫어요 .	お金も持っているし、背も高いけど、嫌です。
cho nomu konganghandeyo 저 , 너무 건강한데요 ?	僕、とても健康ですけど。

200

形容詞パッチム有語幹 **＋** 은데（unde）

形容詞・이다パッチム無語幹 **＋** ㄴ데（nde）

「 지만 」動詞・形容詞・있다 / 없다・이다 **＋** けど / が
_{jiman}

🔊) track 088

聞こえ方

　前に、パッチム「ㄱ / ㄷ / ㄴ / ㅁ」があれば、「jjiman」に聞こえます。母音やパッチム「ㄹ」が来る時は、濁って「jiman」に聞こえます。

見分け方

　動詞・形容詞・있다 / 없다・이다の語幹につきます。前の内容を認めつつ、後ろに反対する内容を言ったり、新たな条件を言ったりする時に使います。

① 「지만」 ➡ 「動詞・形容詞・있다 / 없다・이다＋けど」

잘 못하지만 재미있습니다 .
_{chal motajiman　jemiissumnida}

上手く出来ないけど、面白いです。

겉으로는 웃지만 속으로는 웁니다 .
_{koturonun　utchiman　soguronun　umnida}

表では笑いますが、心の中では泣きます。

말은 많지만 일은 잘 합니다 .
_{marun　manchiman irun　jaramnida}

口数は多いですけど、仕事はこなせています。

使い方

動詞・形容詞・있다 / 없다・이다語幹 **＋** 지만（jiman）

201

「 ^{nunji} 는지 」 動詞・있다 / 없다＋のか

◀)) track 089

聞こえ方

前にパッチム「ㄱ / ㄷ / ㅂ」が来たら、「ㅇ / ㄴ / ㅁ」に変わって聞こえます。

見分け方

動詞・있다 / 없다語幹につきます。「A 는지 B」は、A について漠然とした疑問を抱いたまま、その疑問を B の出来事に関連付けて言う時に使います。

---

① 「는지」 ➡ 「動詞・있다 / 없다＋のか」

---

^{ane omnunji dedabul an haneyo}
안에 없는지 대답을 안 하네요 .

中にいないのか、答えませんね。

^{kogiga masinnunji chal mogoyo}
고기가 맛있는지 잘 먹어요 .

肉が美味しいのか、よく食べます。

^{we i gurul ssonnunji iyurul mare}
왜 이 글을 썼는지 이유를 말해
^{boseyo}
보세요 .

なぜこの文章を書いたのか、理由を言って下さい。

^{we kaya dwennunji morugessoyo}
왜 가야 되는지 모르겠어요 .

なぜ行かなければならないのか、分かりません。

使い方

動詞・있다 / 없다語幹 ＋ 는지（nunji）

「 ^{myon umyon} 면 / 으면 」 動詞・形容詞・있다 / 없다・이다＋ば / たら / と

◀)) track 090

聞こえ方

「으면」は、前にパッチムがある場合には、連音した音が聞こえます。パッチムの有無でつき方が変わるので、不規則活用をすることがあります。「myon」に気づくこと

が出来たら、言葉の冒頭をしっかり確認することです。

見分け方

パッチム有語幹には「으면」が、パッチム無語幹には「면」がつきます。「A 면 / 으面 B」は、不確実だったり、まだ実現しない出来事だったりを仮定して言う時に使います。

---

① 「면 / 으면」→「動詞・形容詞・있다 / 없다・이다＋ば / たら / と」

---

kyouri　dwemyon sukirul　tamnida
겨울이 되면　스키를 탑니다.　　冬になるとスキーをやります。

irul　hamyon toni　turoomnida
일을 하면 돈이 들어옵니다.　　仕事をするとお金が入ってきます。

toumyon　eokon　kyoseyo
더우면 에어컨 켜세요.　　暑かったら、エアコンつけて下さい。

turumyon　al　su　issul　komnida
들으면 알 수 있을 겁니다.　　聞けば分かると思います。

使い方

動詞・形容詞・있다 / 없다パッチム有語幹 ＋ 으면（umyon）

動詞・이다パッチム無語幹 ＋ 면（myon）

---

myonso　　umyonso
「 면서 / 으면서 」動詞・있다 / 없다・이다＋ながら　　◀)) track 091

聞こえ方

「으면서」は、前にパッチムがあれば、連音して聞こえます。パッチムの有無でつき方が変わるので、不規則活用をします。「myonso」に気づくことが出来たら、言葉の冒頭をしっかり確認することです。

見分け方

パッチム有語幹には「으면서」が、パッチム無語幹には「면서」がつきます。「A 面

서 / 으면서 B」は、A と B が同時進行、同時状態であることを言う時に使います。

---

① 「면서 / 으면서」 ➡ 「動詞・있다 / 없다・이다 ＋ ながら」

- -

sajinul　pomyonso　kippohamnida
사진을 보면서 기뻐합니다 .　　　写真を見ながら喜びます。

norerul　purumyonso　umnida
노래를 부르면서 웁니다 .　　　歌を歌いながら泣きます。

airul　kiumyonso　kongbuhamnida
아이를 키우면서 공부합니다 .　　　子供を育てながら勉強します。

tondo　opsumyonso　myongpumul samnida
돈도 없으면서 명품을 삽니다 .　　　お金もないのにブランド品を買います。

使い方

動詞・있다 / 없다パッチム有語幹 ＋ 으면서（umyonso）

動詞・이다パッチム無語幹 ＋ 면서（myonso）

---

ryogo　　uryogo
「 려고 / 으려고 」 動詞・있다 ＋ しようと（実行段階の意図）　◀)) track 092

- -

聞こえ方

「으려고」の前にパッチムが来たら、連音して聞こえます。パッチムの有無でつき方が変わるので、不規則活用をします。「ryogo」に気づいたら、動詞の冒頭をしっかり聞き取ることです。

見分け方

パッチム有語幹には「으려고」が、パッチム無語幹には「려고」がつきます。あることをする意図や意欲を持っていることを言う時に使います。

① 「려고 / 으려고」➡「動詞＋しようと」

yogi   issuryogo   senggaketsoyo
여기 있으려고 생각했어요 ？　　ここにいようと思ったのですか？

charul saryogo tonul moassoyo
차를 사려고 돈을 모았어요 .　　車を買おうとお金を貯めました。

nugul chajuryogo on goyeyo
누굴 찾으려고 온 거예요 ？　　誰を探そうと来たのですか？

使い方

動詞・있다パッチム有語幹 ＋ 으려고 하다（uryogo hada）

動詞パッチム無語幹 ＋ 려고 하다（ryogo hada）

「 려 / 으려 」動詞＋しに（目的）
ro uro

◀)) track 093

聞こえ方

「으려」は、前にパッチムがあれば、連音して聞こえます。パッチムの有無でつき方が変わるので、不規則活用をします。「ro」に気づくことが出来たら、言葉の冒頭をしっかり確認することです。

見分け方

パッチム有語幹には「으려」が、パッチム無語幹には「려」がつきます。「A 려 / 으려 B」は、動く目的が、A にあることを言いたい時に使います。

① 「려 / 으려」➡「動詞＋しに」

tonul chajuro unhenge kayo
돈을 찾으러 은행에 가요 .　　お金を下ろしに銀行に行きます。

tekperul bonero ucheguge kayo
택배를 보내러 우체국에 가요 .　　宅配を送りに郵便局に行きます。

irul　dowa　juro　wassoyo
일을 도와 주러 왔어요 . 　　　　仕事を手伝いに来ました。

han jan haro　gayo
한 잔 하러 가요 . 　　　　　　一杯飲みに行きましょう。

　「러 / 으러」「려고 / 으려고」「기 위해서 / 위하여」

> **解説**　「러 / 으러」は、行ったり来たりする目的を言う時に、「려고 / 으려고」は、あることをす
> る意図や意欲を言う時に、「기 위해서 / 위하여」は、ある目的を成し遂げようとしている
> ことを言う時に使います。

yagu　poro　an　galleyo
야구 보러 안 갈래요 ? 　　　　（**O**）　野球、見に行きませんか？

yagu　poryogo　an galleyo
야구 보려고 안 갈래요 ? 　　（**✘**）

yagu　pogi　wiheso an galleyo
야구 보기 위해서 안 갈래요 ?（**✘**）

「안 갈래요 ?」と相手を誘っているのは、野球を見るためなので、「야구 보러」が言えます。
「야구 보려고」は、「（相手が）野球を見ようとしていて」という意味に、「야구 보기 위해
서」は、「（相手が）野球を見る目的を成し遂げようとして」という意味になることから、
「안 갈래요 ?」という誘いとかみ合わず、使えません。

yagu　poro　wassoyo
야구 보러 왔어요 ? 　　　　（**O**）　野球、見に来たのですか？

yagu　poryogo　wassoyo
야구 보려고 왔어요 ? 　　　（**O**）　野球、見ようと思って来たのですか？

yagu　pogi　wiheso　wassoyo
야구 보기 위해서 왔어요 ? 　（**O**）　野球、見るために来たのですか？

「야구 보러」は、来た目的が野球を見るためなのかという質問なので、成立します。「야
구 보려고」は、ここに来た意図が、野球を見るためだったのかという質問なので、成立
します。「 야구 보기 위해서」は、ここに来たのは、野球を見る目的を成し遂げるためだっ
たのかという質問なので、成立します。

使い方

動詞パッチム有語幹 **+** 으러（uro）

動詞パッチム無語幹 **+** 러（ro）

「거나」動詞・形容詞・있다 / 없다・이다 ＋ したり
_{kona}

聞こえ方

　前に、パッチム「ㄱ / ㄷ / ㅂ / ㄴ / ㅁ」があれば、「kkona」に聞こえます。母音やパッチム「ㄹ」が来る時は、濁って「gona」に聞こえます。

見分け方

　動詞・形容詞・있다 / 없다・이다の語幹につきます。複数の中のどれを選択しても違いはないと言う時に使います。

① 「거나」➡「動詞・形容詞・있다 / 없다・이다＋たり」

_{charul masigona hedo dwemnida}
차를 마시거나 해도 됩니다 .　　　お茶を飲んだりしても大丈夫です。

_{nuga ogona hamyon malhaseyo}
누가 오거나 하면 말하세요 .　　　誰か来たりしたら、言って下さい。

_{chegul ilkona umagul durumyonso}
책을 읽거나 음악을 들으면서　　本を読んだり音楽を聴いたりしながら過
_{jinemnida}
지냅니다 .　　　　　　　　　　ごしています。

使い方

動詞・形容詞・있다 / 없다・이다 ＋ 거나（kona）

「기」名詞形語尾
_{ki}

聞こえ方

　前に、パッチム「ㄱ / ㄷ / ㅂ / ㄴ / ㅁ」があれば、「kki」に聞こえます。母音やパッチム「ㄹ」が来る時は、濁って「gi」に聞こえます。

動詞語幹につきます。動詞を名詞にする時に使います。

---

① 「기」→「動詞の名詞化」

malhagi tutkki ssugi ilkki
말하기 듣기 쓰기 읽기

スピーキング、ヒアリング、ライティング、リーディング

chwimiga kagu mandulgiseyo
취미가 가구 만들기세요 ?

趣味が家具作りですか？

honja kagi opkkiimnida
혼자 가기 없기입니다 .

一人で行くのは、無しですよ。

使い方

動詞・있다 / 없다＋기（ki）

---

nji unji dweda
「ㄴ지 / 은지 되다」動詞＋してから～経つ

◀)) track 096

聞こえ方

「은지 되다」は、前にパッチムがあれば、連音して聞こえます。パッチムの有無によってつき方が変わるので、不規則活用をします。

見分け方

パッチム有語幹には「은지 되다」が、パッチム無語幹には「ㄴ지 되다」がつきます。「A ㄴ지 / 은지 B 되다」は、A をしてから B の時間が経っていることを言う時に使います。

---

① 「ㄴ지 / 은지 되다」→「動詞＋してから～経つ」

i gagenun sengginji simnyon dwessoyo
이 가게는 생긴 지 십년 됐어요 .

この店は、出来てから 10 年経っています。

yogi on ji han dal dwessoyo
여기 온 지 한 달 됐어요 .

ここに来て、1 ヵ月経ちました。

使い方

動詞パッチム有語幹 **＋** 은지 되다（unji dweda）

動詞パッチム無語幹 **＋** ㄴ지 되다（nji dweda）

「는 동안에」動詞・있다 / 없다＋している間に
_{nun dongane}

🔊 **track 097**

聞こえ方

　前にパッチム「ㄱ / ㄷ / ㅂ」が来たら、「ㅇ / ㄴ / ㅁ」に変わって聞こえます。「nun dongane」に気づくことが出来たら、言葉の冒頭の意味を突き止めることです。最初からパッチム「ㅇ / ㄴ / ㅁ」なのか、それとも変化したものなのかを確認する必要があるからです。

見分け方

　動詞・있다 / 없다語幹につきます。「A는 동안에 B」は、A が一定時間続いている間に B が起きたと言いたい時に使います。

① 「는 동안에」➡「動詞・있다 / 없다＋している間に」

內가 집에 있는 동안에 다녀
오세요 .
_{nega jibe innun dongane danyo oseyo}

私が家にいる間に行ってきて下さい。

아이가 자는 동안에 빨래를
했어요 .
_{aiga janun dongane ppallerul hessoyo}

子供が寝ている間に洗濯をしました。

학교에 다니는 동안에는 일을 안
하려고요 .
_{hakkyoe daninun donganenun irul an haryogoyo}

学校に通っている間は、仕事をしないようにしたいです。

動詞・있다 / 없다語幹 ＋ 는 동안에（nun dongane）

第 **10** 章
慣用句

この章では、TOPIK Ⅰ でよく出て来るその
他の表現を学びます。

「 아 / 어 주시기 바랍니다」
_{a o jusigi paramnida}

動詞・있다＋していただきますようにお願いします

◀)) track 098

聞こえ方

パッチムがある場合には、連音した音が聞こえます。

見分け方

陽母音語幹には「아 주시기 바랍니다」が、陰母音語幹には「어 주시기 바랍니다」がつきます。公の場でのお知らせやお願いの言い方として使います。

① 「아 / 어 주시기 바랍니다」➡「動詞・있다＋していただきますよう、お願いします」

_{apjjoguro wa jusigi paramnida}
앞쪽으로 와 주시기 바랍니다 .

前の方にお進みいただきますよう、よろしくお願い致します。

_{neilkkaji chechure jusigi paramnida}
내일까지 제출해 주시기 바랍니다 .

明日まで提出して下さいますよう、よろしくお願い致します。

使い方

動詞陽母音語幹 ＋ 아 주시기 바랍니다（a jusigi paramnida）

動詞・있다陰母音語幹 ＋ 어 주시기 바랍니다（o jusigi paramnida）

※陽母音とは、「아 a/ 오 o」のことです。陰母音とは、「아 a/ 오 o」以外の母音のことです。

「 ㄹ / 을 수 있다 / 없다」
_{l ul su itta optta}

動詞・形容詞・있다 / 없다・이다＋することが出来る / 出来ない

◀)) track 099

聞こえ方

「을 수 있다 / 없다」は、前にパッチムがある場合には、連音した音が聞こえます。パッ

チムの有無でつき方が変わるので、不規則活用をします。言葉の冒頭をしっかり聞き取ることが重要です。

見分け方

パッチム有語幹には「을 수 있다 / 없다」が、パッチム無語幹には「ㄹ 수 있다 / 없다」がつきます。「することが出来る / 出来ない」を言う時に使います。

① 「ㄹ / 을 수 있다 / 없다」→「動詞＋することが出来る / 出来ない」

midul suga opsoyo
믿을 수가 없어요.　　　　　信じることが出来ません。

igo ilgul su issoyo
이거 읽을 수 있어요?　　　　これ、読めますか？

saram maumul al suga opsoyo
사람 마음을 알 수가 없어요.　人の心が分かりません。

nomu manaso durogal suga opsoyo
너무 많아서 들어갈 수가 없어요.　多過ぎて入ることが出来ません。

siganul jal ssul su issul ko katayo
시간을 잘 쓸 수 있을 것 같아요.　時間を上手に使えそうです。

② 「ㄹ / 을 수 있다 / 없다」→「形容詞・있다 / 없다・이다＋することもある / ない」

choun gosi issul sudo issoyo
좋은 곳이 있을 수도 있어요.　いいところがあることもあります。

madopsul sudo issumnida
맛없을 수도 있습니다.　　　　まずいこともあります。

ku sarami morul sudo issumnida
그 사람이 모를 수도 있습니다.　その人が知らないこともあります。

使い方

パッチム有語幹 ＋ 을 수 있다 / 없다（ul su itta / opta）

パッチム無語幹 ＋ ㄹ 수 있다 / 없다（lsu itta / opta）

「ㄴ / 은 적이 있다 / 없다」動詞＋したことがある / ない

n un jogi itta optta

◀) track 100

聞こえ方

「은 적이 있다 / 없다」は、前にパッチムがある場合には、連音した音が聞こえます。パッチムの有無でつき方が変わるので、不規則活用をすることがあります。TOPIK Ⅰレベルの中にも、対象となる言葉があります。動詞の冒頭をしっかり聞き取ることが重要です。

見分け方

パッチム有語幹には「은 적이 있다 / 없다」が、パッチム無語幹には「ㄴ 적이 있다 / 없다」がつきます。不規則活用をするので、しっかり理解しておくことが重要です。「したことがある / ない」を言う時に使います。

---

① 「ㄴ / 은 적이 있다 / 없다」➡「動詞＋したことがある / ない」

---

kurimul beun jogi issoyo
그림을 배운 적이 있어요.　　　　絵を習ったことがあります。

pangmulgwane ga bon jogi opsoyo
박물관에 가 본 적이 없어요.　　　博物館に行ったことがありません。

suobul durum jogi itsumnida
수업을 들은 적이 있습니다.　　　授業に出たことがあります。

使い方

動詞パッチム有語幹 ＋ 은 적이 있다 / 없다（un jogi itta/opta）

動詞パッチム無語幹 ＋ ㄴ 적이 있다 / 없다（n jogi itta/opta）

「것 같다」動詞・形容詞・있다 / 없다・이다＋ようだ / そうだ

kot katta

◀) track 101

聞こえ方

「는 것 같다」「ㄴ / 은 것 같다」の「것」は、濁って聞こえます。それに対し、「ㄹ / 을

「것 같다」の「것」は、「kkot」に聞こえます。「것」は、最後の「t」がしっかり聞こえないこともよくあります。不規則活用をするので、「ko/go katta」が聞こえたら、その前の言葉の意味をしっかり確認することです。

見分け方

　パッチム有語幹には「은 것 같다 / 을 것 같다」が、パッチム無語幹には「ㄴ 것 같다 / ㄹ 것 같다」がつきます。「는 것 같다」は、動詞語幹の後につきます。「ようだ」「しそうだ」と言う時に使います。

① 「는 것 같다」→「動詞・있다 / 없다＋ようだ」

chigum hwesae innun got katayo
지금 회사에 있는 것 같아요 .　　今、会社にいるようです。

urirul gidarinun got katayo
우리를 기다리고 있는 것 같아요 .　私たちを待っているみたいです。

kogiro kago innun got katayo
거기로 가고 있는 것 같아요 .　そっちに向かっているようです。

masi omnun got katsumnida
맛이 없는 것 같습니다 .　美味しくないようです。

kokchonghanun got kasumnida
걱정하는 것 같습니다 .　心配しているようです。

② 「ㄴ / 은 것 같다」→「動詞・形容詞・이다＋ようだ」

ssaji aun got katayo
싸지 않은 것 같아요 .　安くないみたいです。

aju sulpun got kasumnida
아주 슬픈 것 같습니다 .　とても悲しいようです。

meun got katayo
매운 것 같아요 .　辛いようです。

himdum got katsumnida
힘든 것 같습니다 .　しんどいみたいです。

ojein got katayo
어제인 것 같아요 .　昨日みたいです。

kojang nan got katayo
고장난 것 같아요 .　故障したみたいです。

kuge dachin got katchinun anayo
크게 다친 것 같지는 않아요 .　大けがをしたようには見えません。

③「ㄹ / 을 것 같다」→「動詞・形容詞・있다 / 없다・이다 ＋ そうだ」

---

ul kot katayo
울 것 같아요 .   泣きそうです。

chimiga   opsul kot katayo
재미가 없을 것 같아요 .   面白くなさそうです。

chomsim mogotsul kot katayo
점심 먹었을 것 같아요 .   お昼、食べていそうです。

haksenghwegwane issul   kot katayo
학생회관에 있을 것 같아요 .   学生会館にいそうです。

chal senggyotssul kot katayo
잘 생겼을 것 같아요 .   かっこよさそうです。

💡 「겠어요」「ㄹ / 을 거예요」「ㄹ / 을 것 같아요」

 「겠어요」は、強く確信したり推測したりする時に、「ㄹ / 을 거예요」は、漠然とした推測をする時に、「ㄹ / 을 것 같아요」は、察していた通りでしょうと言いたい時に使います。

yose   werousigessoyo
요새 외로우시겠어요 .   最近淋しいでしょう。

yose   werousil   koyeyo
요새 외로우실 거예요 .   最近淋しいと思います。

yose   werousil   kot katayo
요새 외로우실 것 같아요 .   最近淋しいんじゃないですか。

「외로우시겠어요」は、相手が、間違いなく淋しい状態にいると強く推測する言い方です。「외로우실 거예요」は、誰かが、淋しい状態にいるだろうと漠然と推測する言い方です。相手に対しては、使えません。漠然とした推量の言い方をすると、バカにしたような表現になるからです。「외로우실 것 같아요」は、相手や誰かが、察していた通り淋しい状態にいるだろうと推量する時に使います。

cho saram tto ogessoyo
저 사람 또 오겠어요 .   あの人、また来ますね。

cho saram tto ol koyeyo
저 사람 또 올 거예요 .   あの人、また来るでしょう。

cho saram tto ol kot katayo
저 사람 또 올 것 같아요 .   あの人、また来そうですね。

「오겠어요」は、強く確認しながら推測する時に、「올 거예요」は、漠然と推測する時に、「올 것 같아요」は、直感で推測する時に使います。

「는 같다」「ㄴ / 은 것 같다」と「ㄹ / 을 것 같다」

 「動詞＋는 같다」「動詞・形容詞＋ㄴ / 은 것 같다」は、何らかの予備知識を持って推測する言い方で、「ㄹ / 을 것 같다」は、そういう予備知識を持たず、自分の直感で推測する言い方です。

chigum kasinun　got katayo
지금 가시는 것 같아요 .　　もう帰られるようです。

chigum kasil　kot katayo
지금 가실 것 같아요 .　　もう帰られそうです。

「가시는 것 같아요」は、帰る情報を耳に入れて言う時に、「가실 것 같아요」は、直感的に言う時に使います。

i　sige　　pissan　got katundeyo
이 시계 , 비싼 것 같은데요 ?　　この時計、高いみたいですよ。

i　sige　　pissal　kot katundeyo
이 시계 , 비쌀 것 같은데요 ?　　この時計、高そうですよ。

「비싼 것 같은데요 ?」は、時計の高い要素を何か見つけた時に、「비쌀 것 같은데요 ?」は、時計を見て直感で値段を推量する時に使います。

使い方

動詞語幹 ＋ 는 같다（nun got katta）

動詞・形容詞・있다 / 없다パッチム有語幹 ＋ 을 것 같다（ul kot katta）

動詞・形容詞・이다パッチム無語幹 ＋ ㄹ 것 같다（l kot kata）

動詞・形容詞・있다 / 없다パッチム有語幹 ＋ 은 것 같다（un got katta）

動詞・形容詞・이다パッチム無語幹 ＋ ㄴ 것 같다（n got kata）

「면 / 으면 되다」動詞・形容詞・있다 / 없다・이다＋すればいい

myon　umyon　dweda

◀)) **track 102**

聞こえ方

「으면 되다」は、前にパッチムがある場合には、連音した音が聞こえます。パッチムの有無でつき方が変わるので、不規則活用をすることがあります。「myon dwe」が聞こえたら、言葉の冒頭をしっかり聞き取ることです。

見分け方

パッチム有語幹には「으면 되다」が、パッチム無語幹には「면 되다」がつきます。仮定条件をクリアした上での容認を言う時に使います。

---

① 「면 / 으면 되다」➡「動詞・形容詞・있다 / 없다・이다＋すればいい」

---

tasotsikkaji　gamyon dwemnida
5 시까지 가면 됩니다 .　　　　5 時までに行けばオーケーです。

kyosunimhante　nemyon dweyo
교수님한테 내면 돼요 .　　　　先生（教授）に出せばいいんです。

yacherul　mani　mugumyon dwemnida
야채를 많이 먹으면 됩니다 .　　野菜をたくさん食べたらいいです。

使い方

動詞・形容詞・있다 / 없다パッチム有語幹 ＋ 으면 되다（umyon dweda）

動詞・이다パッチム無語幹 ＋ 면 되다（myon dweda）

「면 / 으면 안되다」
動詞・形容詞・있다 / 없다・이다＋したらいけない

myon　umyon　an dweda

◀)) **track 103**

聞こえ方

「으면 안되다」は、前にパッチムがある場合には、連音した音が聞こえます。パッチ

ム有無でつき方が変わるので、不規則活用をすることがあります。「면 안되다」の「myon an dwe」が聞こえたら、言葉の冒頭をしっかり聞き取ることです。

見分け方

パッチム有語幹には「으면 안되다」が、パッチム無語幹には「면 안되 다」がつきます。仮定条件をクリアした上での不容認を言う時に使います。

---

① 「면 / 으면 안되다」➡「動詞・形容詞・있다 / 없다・이다＋するといけない」

---

chigum omyon andwemnida
지금 오면 안됩니다 .　　　　　今、来たらだめです。

tamnerul piumyon andwemnida
담배를 피우면 안됩니다 .　　　煙草を吸ってはいけません。

sajinul jjigumyon andweyo
사진을 찍으면 안돼요 .　　　　写真を撮ったらだめです。

使い方

動詞・形容詞・있다 / 없다パッチム有語幹＋으면 안되다（umyon andweda）

動詞・이다パッチム無語幹＋면 안되다（myon andweda）

myon umyon joketta
「 면 / 으면 좋겠다」
動詞・形容詞・있다 / 없다・이다＋てほしい / であってほしい　　🔊 track 104

聞こえ方

「으면 좋겠다」は、前にパッチムがある場合には、連音した音が聞こえます。パッチムの有無でつき方が変わるので、不規則活用をします。「면 좋겠다」の「myon joket」が聞こえたら、言葉の冒頭をしっかり聞き取ることです。

見分け方

パッチム有語幹には「으면 좋겠다」が、パッチム無語幹には「면 좋겠다」がつきます。

仮定していることを実現してほしいと言いたい時に使います。

---

① 「면 / 으면 좋겠다」→「動詞・形容詞・있다 / 없다・이다＋てほしい / であってほしい」

kachi kaumyon jokessoyo
같이 가면 좋겠어요 .　　　　　一緒に行ってほしいです。

uri hyongimyon jokessoyo
우리 형이면 좋겠어요 .　　　　私の兄であってほしいです。

chigum osimyon joketssoyo
지금 오시면 좋겠어요 .　　　　今、いらしてほしいです。

---

② 「셨 / 으셨으면 좋겠는데요」「시 / 으시면 좋겠는데요」⇒「動詞・形容詞・있다 / 없다・
이다＋ていただきたいのですが」

---

kachi osyossumyon jokennundeyo
같이 오셨으면 좋겠는데요 .　　　ご一緒に来ていただきたいのですが。

karuchyo jusimyon jokennundeyo
가르쳐 주시면 좋겠는데요 .　　　教えていただきたいのですが。

chohi sajongul asyossumyon joketsumnida
저희 사정을 아셨으면 좋겠습니다 .　私たちの状況をお汲み取りいただきたい
　　　　　　　　　　　　　　　　です。

💡 「면 / 으면 좋겠다」 と 「았으면 / 었으면 좋겠다」

解説　　「면 / 으면 좋겠다」 は、即効性を期待し、迫る時に、「았으면 / 었　으면 좋겠다」 は、一
　　　　歩引いた願望を言う時に使います。どちらも、願望を言いますが、日常生活では、「았 /
었으면 좋겠다」 がよく使われます。即効性を期待し、迫る言い方が出来る機会は、そうはないか
らです。

使い方

動詞・形容詞・있다 / 없다パッチム有語幹 ＋ 으면 좋겠다 (umyon joketta)
動詞・이다パッチム無語幹 ＋ 면 좋겠다 (myon joketta)

「기 위해서 / 위하여」名詞・動詞・있다＋ために

（gi wiheso / wihayo）

🔊 track 105

聞こえ方

前に、パッチム「ㄱ / ㄷ / ㅂ / ㄴ / ㅁ」があれば、「kki wiheso/wihayo」に聞こえます。母音やパッチム「ㄹ」が来る時は、濁って「gi wihayo/wi heso」に聞こえます。

見分け方

名詞の後、動詞・있다の語幹につきます。ある目的を達成しようとしていることを言う時に使います。

① 「기 위해서 / 위하여」 ➡ 「動詞・있다＋するために」

naksirul hagi wiheso moyotsumnida
낚시를 하기 위해서 모였습니다 .　釣りをするために集まりました。

chukahe jugi wiheso
축하해 주기 위해서　　お祝いをしてあげるために

hapkyokagi wihayo
합격하기 위하여　　合格するために

② 「을 / 를 위해서 / 위하여」 ➡ 「名詞＋のために」

nararul wihayo
나라를 위하여　　　国のために

pyonghwarul wiheso noryokan bun
평화를 위해서 노력한 분　　平和のために努力した方

使い方

動詞・있다語幹 ＋ 기 위해서 / 위하여 （gi wiheso/wihayo）

名詞 ＋ 을 / 를 위해서 / 위하여 （ul/rul wiheso/wihayo）

「기 때문에」 動詞・形容詞・있다/없다・이다＋ため/ので

🔊 track 106

聞こえ方

前に、パッチム「ㄱ/ㄷ/ㅂ/ㄴ/ㅁ」があれば、「kki ttemune」に聞こえます。母音やパッチム「ㄹ」が来る時は、濁って「gi ttemune」に聞こえます。

見分け方

動詞・形容詞・있다/없다・이다の語幹につきます。「A 기 때문에 B」は、Bになる理由や原因がAによるものであることを論理的に言う時に使います。その理屈っぽい性質から、「名詞＋때문에」が、「せいで」の意味になることがあります。

① 「기 때문에」→「動詞・形容詞・있다/없다・이다＋ため/ので/から」

nomu　kinjanghetkittemunimnida
너무 긴장했기 때문입니다.

あまりにも緊張したからです。

iri　manki　ttemune　pappmnida
일이 많기 때문에 바쁩니다.

仕事がたくさんあるので忙しいです。

chongjikagi　ttemune　sonerul　bol ttega
정직하기 때문에 손해를 볼 때가
itsumnida
있습니다.

正直なので、損をする時があります。

miri　algo　issotki　ttemune
미리 알고 있었기 때문에
kwenchanatsumnida
괜찮았습니다.

事前に知っていたため、大丈夫でした。

surul　mani　mokki　ttemune　sengginun
술을 많이 먹기 때문에 생기는
munjiimnida
문제입니다.

酒をたくさん飲むので起きる問題です。

② 「때문에」→「名詞＋ために/せいで」

kongang ttemune　tamberul　an piumnida
건강 때문에 담배를 안 피웁니다.

健康のためにタバコを吸いません。

ai　ttemune　ssawotsumnida
아이 때문에 싸웠습니다.

子供のことで喧嘩しました。

sago　ttemune　nujun　goyeyo
사고 때문에 늦은 거예요.

事故のせいで遅れたんです。

222

使い方

動詞・形容詞・있다 / 없다・이다語幹 **+** 기 때문에（ki ttemune）

名詞 **+** 때문에（ttemune）

「에 대해서 / 대하여」 名詞＋について / に対して
de teheso / tehayo

🔊 track 107

聞こえ方

名詞の後について「e teheso/e tehayo」に聞こえます。

見分け方

名詞の後につけ、「について」「に対して」と言いたい時に使います。

---

① 「에 대해서 / 에 대하여」 ➡ 「名詞＋について / に対して」

---

hangu gumage yoksae tehayo 한국 음악의 역사에 대하여	韓国音楽の歴史について
chongnyondure chwiom munjee teheso 청년들의 취업 문제에 대해서 ottoke senggakasimnikka 어떻게 생각하십니까?	青年たちの就職問題について、どのようにお考えですか？
cholmunidure gyorongwane tehayo han 젊은이들의 결혼관에 대하여 한 malssum butakturimnida 말씀 부탁드립니다.	若者の結婚観について、一言お願いします。

使い方

名詞 **+** 에 대해서 / 에 대하여（e teheso/e tehayo）

「기 전에」動詞＋する前に

ki jone

聞こえ方

前に、パッチム「ㄱ / ㄷ / ㅂ / ㄴ / ㅁ」があれば、「kki jone」に聞こえます。母音やパッチム「ㄹ」が来る時は、濁って「gi jone」に聞こえます。

見分け方

動詞語幹につきます。「する前に」と言う時に使います。

---

① 「기 전에」➡「動詞＋する前に」

mun tatkki jone ppalli gayo
문 닫기 전에 빨리 가요 .　　　閉まる前に急ぎましょう。

yogi ogi jone mwo hassoyo
여기 오기 전에 뭐 했어요 ?　　ここに来る前に何をしたのですか？

ponegi jone hwaginhaseyo
보내기 전에 확인하세요 .　　　送る前に確認して下さい。

使い方

動詞語幹 ＋ 기 전에（ki jone）

「ㄴ / 은 후에」動詞＋した後

n un hue

聞こえ方

「은 후에」の前にパッチムがある場合には、連音して聞こえます。パッチムの有無でつき方が変わるので、不規則活用をします。「n/un hu」に気づいたら、言葉の冒頭に集中し、意味を突き止めることです。

見分け方

パッチム有語幹には「은 후에」が、パッチム無語幹には「ㄴ 후에」がつきます。「した後で」と言いたい時に使います。

① 「ㄴ / 은 후에」→「動詞＋した後で」

---

tehagul joropan　huenun　han bondo mon
대학 졸업한 후에는 한번도 못
mannatchiyo
만났지요.
　　　　　　大学を卒業した後は、一回も会っていま
　　　　　　せん。

nokurul　han hue　turooscyo
노크를 한 후에 들어오세요.
　　　　　　ノックをした後で、入って下さい。

heojigo　　　nan huenun　kkekkusi　ijoya
헤어지고 난 후에는 깨끗이 잊어야
hamnida
합니다.
　　　　　　別れた後は、きっぱりと忘れなければい
　　　　　　けません。

使い方

動詞パッチム有語幹 **＋ 은 후에** (un hue)
動詞パッチム無語幹 **＋ ㄴ 후에** (n hue)

---

go　hada
「고 하다」 動詞・形容詞・있다 / 없다＋と言う
🔊 track 110

聞こえ方

「dago heyo/hamnida」と聞こえたら、引用表現だと思って下さい。

見分け方

「고 하다」の前には、「ㅂ니다 / 습니다」「아요 / 어요」のような丁寧な言い方は、来ません。
TOPIK Ⅰレベルの表現ではありませんが、書き言葉で多用される表現なので、問題文
に使われることがあります。

① 「ㄴ / 는다고 해요 / 합니다」→「動詞＋と言います」

---

onul　ondago　hamnida
오늘 온다고 합니다.
　　　　　　今日、来るそうです。

chegul　ingnundago　heyo
책을 읽는다고 해요.
　　　　　　本を読むと言います。

② 「다고 해요 / 합니다」 → 「形容詞・있다 / 없다 ＋ と言います」

yomyonghadago   hamnida
유명하다고 합니다.　　　　有名だそうです。

kwengjanghi pissadago   heyo
굉장히 비싸다고 해요.　　めちゃくちゃ高いと言います。

③ 「라고 / 이라고 해요 / 합니다」 → 「名詞 ＋ と言います」

chal garuchinun   kyosurago   hamnida
잘 가르치는 교수라고 합니다.　　上手に教える教授だそうです。

cheil   kun pyongwonirago   heyo
제일 큰 병원이라고 해요.　　一番大きい病院と言います。

使い方

動詞パッチム有語幹 ＋ 는다고 하다（nundago hada）

動詞パッチム無語幹 ＋ ㄴ다고 하다（ndago hada）

形容詞語幹 ＋ 다고 하다（dago hada）

パッチム有名詞 ＋ 이라고 하다（irago hada）

パッチム無名詞 ＋ 라고 하다（rago hada）

dagoyo
「다고요」と言っているのです（引用）

🔊 track 111

聞こえ方

「dagoyo」が聞こえたら、引用表現だと思って下さい。

見分け方

「다고요」は、「다고 해요」の省略形で、発言内容を引用し「といっているのです」と言いたい時に使います。TOPIK Ⅰ レベルの表現ではありませんが、日常会話で多用されるので、問題文に使われることがあります。

① 「ㄴ / 는다고요」→「動詞＋といっているのです」

onul　　ondagoyo
오늘 온다고요 ?
今日、来ると言っているのですか？

➡ 相手か第三者が言っている「오늘 온다（今日来る）」を引用し、その真偽を、相手に確かめる質問です。

chigum　che　gingnundagoyo
지금 책 읽는다고요 .
今、本、読んでいますってば。

➡ 相手からの質問に対して、自分の状況「지금 책 읽는다（今本を読んでいる）」を引用し、返事をする時の言い方です。

umakwerul　　hasindagoyo
음악회를 하신다고요 ?
コンサートをするとおっしゃっているのですか？

➡ 相手か第3者が言っている「음악회를 한다（コンサートをやる）」を引用し、その真偽を、相手に確かめる質問です。

kugon　mo tandagoyo
그건 못한다고요 .
それは、出来ないと言っているんです。

➡ 相手からの質問に対して、自分の主張「그건 못한다（それは出来ない）」を引用し、答える時の言い方です。

② 「다고요」→「形容詞・있다 / 없다＋と言っているのです」

i　sani　yomyonghadagoyo
이 산이 유명하다고요 ?
この山が有名だと言っているのですか？

➡ 相手か第三者が言っている「이 산이 유명하다（この山が有名だ）」を引用し、その真偽を、相手に確かめる質問です。

igo　omchong pissadagoyo
이거 엄청　비싸다고요 .
これ、すごく高いんですよ。

➡ 相手からの質問に対して、自分の意見「이거 비싸다（これは高い）」を引用し、答える時の言い方です。

twejigogiga　masi　optagoyo
돼지고기가 맛이 없다고요 ?
豚肉が美味しくないですって？

➡ 相手か第3者が言っている「맛이 없다（美味しくない）」を引用し、その真偽を、相手に確かめる質問です。

「라고 / 이라고 해요 / 합니다」➡「名詞＋と言います」

cheil　jal　garuchinun　kyosuragoyo
제일 잘 가르치는 교수라고요 ?　　最も上手に教える教授ですって？

➡　相手か第３者が言っている「잘 가르치는 교수다（教え方が上手な教授だ）」を引用し、その
真偽を、相手に確かめる質問です。

cheil　kun　pyongwonirago heyo
제일 큰 병원이라고요 .　　　　一番大きい病院だと言っているんです。

➡　相手からの質問に対して、自分の意見「제일 큰 병원이다（最も大きい病院である）」を引用し、
答える時の言い方です。

使い方

動詞パッチム有語幹 ＋ 는다고요 (nundagoyo)

動詞パッチム無語幹 ＋ ㄴ다고요 (ndagoyo)

形容詞語幹 ＋ 다고요 (dagoyo)

パッチム有名詞 ＋ 이라고요 (iragoyo)

パッチム無名詞 ＋ 라고요 (ragoyo)

▌接続詞▌

🔊 **track 112**

聞こえ方

意味を覚えておけば、聞き取ることは難しくありません。

見分け方

TOPIK Ⅰの対象となる接続詞は、下記の通りです。

「그래서 (kureso)（それで）」

「그리고 (kurigo)（そして / それから）」

「그런데 (kuronde) (ところで / ところが)」

「그럼 (kurom) (では / じゃ)」 ➡ 「그러면」の縮約形

「그러면 (kuromyon) (それでは / では)」

「그러나 (kurona) (しかし)」

「하지만 (hajiman) (けれども)」

「그렇지만 (kurochiman) (しかし / でも)」

「그래도 (kuredo) (それでも / でも)」

「또 (tto) (また)」

 「그러나 (kurona)」「하지만 (hajiman)」「그런데 (kuronde)」
「그렇지만 (kurotchiman)」「그래도 (kuredo)」

 「그러나」は、主に書き言葉で、前と逆の内容が後ろに続く時に使います。「하지만」は、主に話し言葉で、前と一致しない、反対の内容が後ろに続く時に使います。「그렇지만」は、前の内容を認めつつ、後ろで対立することを言う時に使います。「그래도」は、前の内容を認めた上で、それと後ろとは、関わりがないことを言う時に使います。

感嘆詞

🔊 track 113

聞こえ方

感嘆詞は、発してから、少し間が空きます。それに気づくことが出来れば、聞き取れます。

見分け方

TOPIK Ⅰの対象となる感嘆詞は、次の通りです。
① 「저 , cho (あのー)」 ┄┄➔ 「저 cho (私)」と同じ発音です。2 つを区別するのは、間です。
② 「아 , a (あー)」 ┄┄➔ 日本語の「あ、」と同じです。

┃ 単位を表す名詞・数の連体形 ┃

聞こえ方

　単位を表す名詞と、数の連体形が分からないと、聞き取れません。下記の見分け方を参照して下さい。文字通りの発音にならないものが多く、注意する必要があります。

見分け方

　以下に、TOPIK I の対象となる数詞、数詞の連体形、単位名詞、簡単な例を記しておきます。発音上注意すべきもの、または、知っておく必要のあるものだけを挙げておきました。

① 数を数える数詞

「하나 (1人 /1つ)」 ➡ 「학생 하나 (学生1人)」
　　　　　　　　　　　「사과 하나 (リンゴ1つ)」

「둘 (2人 /2つ)」 ➡ 「친구 둘 (友達2人)」
　　　　　　　　　　「책상 둘 (机2つ)」

「셋 (3つ)」 ➡ 「손님 셋 (客3人)」
　　　　　　　　「의자 셋 (椅子3つ)」

「넷 (4つ)」 ➡ 「직원 넷 (職員4名)」
　　　　　　　　「컵 넷 (コップ4つ)」

「다섯 (5つ)」 ➡ 「어른 다섯 (大人5人)」
　　　　　　　　　「가방 다섯 (バッグ5つ)」

「여섯 (6つ)」 ➡ 「아이 여섯 (子供6人)」
　　　　　　　　　「접시 여섯 (皿6枚)」

「일곱 (7つ)」 → 「학생 일곱 (学生 7 人)」

「이불 일곱 (布団 7 枚)」

「여덟 (8つ)」 → 「교사 여덟 (教師 8 人)」

「칫솔 여덟 (歯ブラシ 8 つ)」

「아홉 (9つ)」 → 「손님 아홉 (客 9 人)」

「치약 아홉 (歯磨き粉 9 つ)」

「열 (10)」 → 「어른 열 (大人 10 人)」

「봉투 열 (封筒 10 枚)」

「열하나 [열하나 / 여라나] (11)」 → 「모두 열하나 (すべてで 11)」

「열둘 [열뚤] (12)」 → 「모두 열둘 (すべてで 12)」

「열넷 [열렏] (14)」 → 「합계 열넷 (合計で 14)」

「열여섯 [열려섣] (16)」 → 「어른 열여섯 (大人 16 人)」

「열일곱 [열릴곱] (17)」 → 「전부 열일곱 (全部で 17)」

「열여덟 [열려덜] (18)」 → 「전부 열여덟 (全部で 18)」

「열아홉 [여라홉] (19)」 → 「합계 열아홉 (合計 19)」

「스물 [스물] (20))」 → 「전체 스물 (全体で 20)」

「서른 [서른] （30）」 → 「모두 서른 （すべてで 30）」
sorun / *modu sorun*

「마흔 [마흔] （40）」 → 「전부 마흔 （全部で 40）」
mahun / *chonbu mahun*

「쉰 [쉰] （50）」 → 「합계 쉰 （合計 50）」
swin / *hapkke swin*

「예순 [예순] （60）」 → 「합계 예순 （合計 60）」
yesun / *hapkke yesun*

「일흔 [일흔 / 이른] （70）」 → 「전체 일흔 （全体で 70）」
ilhun / irun / *chonche ilhun*

「여든 [여든] （80）」 → 「전체 여든 （全体で 80）」
yodun / *chonche yodun*

「아흔 [아흔] （90）」 → 「모두 아흔 （すべてで 90）」
ahun / *modu ahun*

「백 [백] （100）」 → 「전체 백 （全体で 100）」
pek / *chonche pek*

「여럿 [여럳] （多数）」 → 「제자가 여럿 （弟子が多数）」
yorot / *chejaga yorot*

② 数を数える数詞の連体形

「한 (han) （一）」 → 「한 시 （一時 /1 時）」「한 개 （一個 /1 個）」

「두 (tu) （二）」 → 「두 권 （二冊 /2 冊）」「두 번 （二回 /2 回）」

「세 (se) （三）」 → 「세 살 （三歳 /3 歳）」「세 주 （三週 /3 週）」

「네 (ne) （四）」 → 「네 달 （四か月 /4 ヵ月）」

「다섯 (tasot) （五）」 → 「다섯 명 （五名 /5 名）」

「여섯 (yosot) （六）」 → 「여섯 시 （六時 /6 時）」

「일곱 (ilgop) (七)」 ➡ 「일곱 개 (七個 /7 個)」

「여덟 (yodol) (八)」 ➡ 「여덟 권 (八冊 /8 冊)」

「아홉 (ahop) (九)」 ➡ 「아홉 번 (九回 /9 回)」

「열 (yol) (十)」 ➡ 「열 살 (十歳 /10 歳)」

「열한 (yolhan / yoran) (十一)」 ➡ 「열한 주 (十一週 /11 週)」

「열두 (yolttu) (十二)」 ➡ 「열두 달 (十二か月 /12 ヵ月)」

「열세 (yolse) (十三)」 ➡ 「열세 사람 (十三人 /13 人)」

「열네 (yolle) (十四)」 ➡ 「열네 명 (十四名 /14 名)」

「스무 (sum) (二十)」 ➡ 「스무 개 (二十個 /20 個)」

「여러 (yoro) (大勢の / たくさんの)」 ➡ 「여러 사람 (たくさんの人)」

③ 数を数える数詞の連体形

「일 (il) (1)」 ➡ 1234 일이삼사 (illisamsa)

「이 (i) (2)」 ➡ 22 이십이 (isibi)

「삼 (sam) (3)」 ➡ 33 삼십삼 (samsipsam)

「사 (sa) (4)」 ➡ 44 사십사 (sasipsa)

「오 (o) (5)」 ➡ 5678 오륙칠팔 (oryukchilpal)

「육 (yuk) (6)」 ➡ 660 육백육십 (yukppengnyuksip)

「칠 (chil) (7)」 ➡ 77 칠십칠 (chilsipchil)

「팔 (pal) (8)」 ➡ 880 팔백팔십 (palbekpalsip)

「구 (ku) (9)」 ➡ 9999 구천구백구십구 (kuchongubekgusipku)

「십 (sip) (10)」 ➡ 16 십육 (simnyuk)

「백 (pek) (100)」 ➡ 500 오백 (obek)

「천 (chon) (1,000)」 → 2000 이천 (ichon)

「만 (man) (10,000)」 → 60000 육만 (yungman)

「영 (yong) (0)」 → 0.56 영점 오륙 (yonjjomoryuk)

「공 (kong) (0)」 → 090-0123-4567 공구공 공일이삼 사오륙칠
(konggugong gongillisam saoryukchil)

④ 数を読む数詞の連体形

「일 (il) (1)」 → 일 층 (il chung) (1 階)、십 년 (simnyon) (10 年)

「이 (i) (2)」 → 이월 (iwol) (2 月)、이일 (iil) (2 日)

「삼 (sam) (3)」 → 삼 층 (samchung) (3 階)、삼 번 (sambon) (3 番)

「사 (sa) (4)」 → 사월 (sawol) (4 月)、사 주일 (sa juil) (4 週間)

「오 (o) (5)」 → 오 층 (o chung) (5 階)、오 년 (o nyon) (5 年)

「유 (yu) (6)」 → 유월 (yuwol) (6 月)、육일 (yugil) (6 日)

「칠 (chil) (7)」 → 칠 층 (chil chung) (7 階)、칠 번 (chin bon) (7 番)

「팔 (pal) (8)」 → 팔월 (parwol) (8 月)、팔 주 (pal chu) (8 週)

「구 (ku) (9)」 → 구 층 (ku chung) (9 階)、구 년 (ku nyon) (9 年)

「시 (si) (10)」 → 시월 (siwol) (10 月)、십일 (sibil) (10 日)

⑤ 単位名詞

「사람 (saram) (人)」 → 한 사람 (han saram) (一人)

「명 (myong) (名)」 → 이십 명 (isim myong) (20 名)

「시 (si) (時)」 → 열한 시 (yolhan si / yoran si) (11 時)

「개 (ke) (個)」 → 열세 개 (yolse ge) (13 個)

「층（chung）（階）」 ➡ 백 층（pek chung）（100 階）

「권（kwon）（冊）」 ➡ 천 권（chon gwon）（1 千冊）

「번（pon）（回 / 番）」 ➡ 서른 번（sorun bon）（30 回）
삼십 번（samsippon）（30 回 /30 番）

「살（sal）（歳）」 ➡ 스무 살（sumu sal）（二十歳）

「주（chu）（週）」 ➡ 네 주（ne ju）（4 週）、사 주（sa ju）（4 週）

「달（tal）（月）」 ➡ 열두 달（yol ttudal）（12 か月）

「주일（chuil）（週間）」 ➡ 삼 주일（sam juil）（三週間）

「년（nyon）（年）」 ➡ 백 년（pengnyon）（百年）

「월（wol）（月）」 ➡ 유월（yuwol）（6 月）、시월（siwol）（十月）

「일（il）（日）」 ➡ 삼십일일（sasibiril）（31 日）

「병（pyong）（本）」 ➡ 네 병（ne byong）（4 本）
마흔 병（mahun byong）（四十本）

「번째（ponjje）（番目）」 ➡ 첫 번째（chotponjje）（一番目 /1 回目）、
두 번째（tubonjje）二番目 /2 回目）

⑥ 単位名詞につく連体形

「이번（ibon）」 ➡「今度の」「今回の」

「다음（taum）」 ➡「次の」「今度の」「次回の」

「지난（chinan）」 ➡「前回の」「去る」

▎曜日▎

◀)) track 115

聞こえ方

曜日は、「요일 yoil（曜日）」が分かれば、聞き取れると思います。

見分け方

各曜日は、次の通りです。

「일요일（iryoil）➡ 日曜日」

「월요일（woryoil）➡ 月曜日」

「화요일（hwayoil）➡ 火曜日」

「수요일（suyoil）➡ 水曜日」

「목요일（mogyoil）➡ 木曜日」

「금요일（kumyoil）➡ 金曜日」

「토요일（toyoil）➡ 土曜日」

「무슨 요일（musun nyoil）➡ 何曜日」

▎空間・時間の依存名詞▎

◀)) track 116

聞こえ方

　場所、空間の意味を持つ名詞の後でつけて使います。韓国語では、「의（の）」がつかないので、下記をしっかり覚えておく必要があります。

見分け方

「앞（ap）➡ 前（空間）」

「옆（yop）➡ 横 / 隣」

「뒤 (twi) ➡ 後ろ」

「나중 (najung) ➡ 後 (のち / あと)」

「근처 (kuncho) ➡ 近く / 近所」

「안 (an) ➡ 中」

「밖 (pak) ➡ 外」

「중 (chung) ➡ 中 / うち」

「쪽 (jjok) ➡ 側」

「가운데 (kaunde) ➡ 中 / 真ん中」

「전 (chon) ➡ 前 (時間)」

「후 (hu) ➡ 後 (時間)」

 「중」「가운데」「안」「속」

 「중」は、複数の中の個々を指す時に、「가운데」は、真ん中辺りと思えるところを指す時に、「안」は、場所や空間の内側を指す時に、「속」は、内側の中身を指す時に使います。

친구들 중에 (chingudul junge) (友達の中に)

친구들 가운데 (chinjudul gaunde) (友達の中に)

친구들 안에 (chingudul ane)

친구들 속에 (chingudul soge)

　「친구들 중에」は、友達の中の一人を特定して言いたい時に、「친구들 가운데」は、友達の中の誰かを中心に据えて言う時に使います。「친구들 중에」「친구들 속에」は、場所や空間ではないので、使えません。

지갑 중에 얼마 들었어요？（chigap chunge olma durossoyo）

지갑 가운데 얼마 들었어요？（chigap kaunde olma durossoyo）

지갑 안에 얼마 들었어요？（chigabane olma durossoyo）

지갑 속에 얼마 들었어요？（chigap soge olma durossoyo）

財布の中にいくら入っていますか？

　「지갑 안에」は、財布を空間として捉える時に、「지갑 속에」は、財布の中身のことを言う時に使います。複数の財布のことではないので、「지갑 중에」は使えません。財布に真ん中があるわけではないので、「지갑 가운데」も使えません。

차 중에 놓고 내렸어요．（cha junge noko neryossoyo）

차 가운데 놓고 내렸어요．（cha gaunde noko neryossoyo）

차 안에 놓고 내렸어요．（cha ane noko neryossoyo）

차 속에 놓고 내렸어요．（cho soge noko neryossoyo）

車の中に置き忘れました。

　「차 중에」「차 가운데」は、複数ある車のことになるので、使えません。「차 안에」は、車を空間として捉えているので使います。「차 속에」は、中身のことになるので使えません。

꽃 중에 제일 좋아하는 꽃（kkot chunge jeil joahanun kkot）

꽃 가운데 제일 좋아하는 꽃（kkot kaunde jeil joahanun kkot）

꽃 안에 제일 좋아하는 꽃（kkot ane jeil joahanun kkot）

꽃 속에 제일 좋아하는 꽃（kkot soge jeil joahanun kkot）

花の中で最も好きな花

　花を一つずつ思い浮かべる時には、「꽃 중에」と言い、好きな花を真ん中あたりに捉えて言う時には、「꽃 가운데」と言います。場所や空間の話ではないので、「꽃 안에」「꽃 속에」は使えません。

韓国がよくわかる
KEYWORD
- 歴史編 -

国際というもの

　人間は、生まれながら、存在性と関係性とを合わせ持ちます。存在性とは、その人の存在そのもので、関係性とは、産声と同時に、否応なしに周りの人と関りを持たされる関係のことを意味します。関係性は、成長とともにその範囲が、家、町、地域、国、外国などに次第に広がります。国際は、その段階で生まれるものです。国際は、1864年『万国公法』という本の中の「各国交際」が略され、誕生したもので、意外と新しいです。

　『万国公法』は、Henry Wheaton が著した国際法の教科書、Elements of International Law を中国語に訳したもので、近代国際法の名著と言われる著書です。刊行後すぐに日本にも伝わり、勝海舟や坂本龍馬などの幕末の志士たちをはじめ、いろんな人に読まれ、文明開化期に多大な影響を及ぼしました。しかし、この本が書かれたのは、海外の支配地に対する統治行為、その法的根拠を整えるためでした。

　例えば、世界各国のランク付けですが、表面上は万国平等を唱えますが、それは名ばかりで、実際には、野蛮国（半文明国）に分類されれば、一応の主権は認められるも、制限を加えることがいつでも可能で、未開国に分類されると、今度は、主権どころか、無主の地にさせられ、国を奪われたとしても国際社会で何も言えなくなる、弱小国にとっては、極めて理不尽なものでした。しかも、文明国の地位にいるのは、欧米諸国ばかりで、他の国々は欧米諸国の判断によって、勝手

に振り分けをさせられる、とても奇妙なものでした。

　日本にとって「国際」というと、まず身近なアジアです。朝鮮半島や中国、南方諸島の人たちとは、紀元前から、関係性が生まれていました。しかし、その時代の人たちに、国際という感覚があったかというと、そうではありません。自分たちと違う言葉を話す、離れたところで暮らしている変わった人たち、くらいの感覚しかなかったのだろうと思います。というのも、国という概念もなく、民族という概念もなく、国境線の概念もなかったあの頃、そこに、外国人という感覚があったとするなら、そちらの方が不自然だからです。西洋との国際は、16世紀になってから始まりました。1543年鉄砲伝来と1549年キリスト教伝来がそれです。これが、国際の実質的な始まりとなりました。

文禄慶長の役

　1592 年、豊臣秀吉の命により始まった朝鮮侵略戦争のことです。1598 年、秀吉の死によって終結するまで続きました。朝鮮王朝は、明に援軍を要請したので、実質的には、明・朝連合軍対日本軍の戦いとなりました。日本や朝鮮のみならず、明をも巻き込んだこの戦争は、後の 3 カ国の運命に、多大な影響を与えました。明は、予期せぬ戦費支出に苦しめられ、衰退し、滅亡、朝鮮は、立ち直れないくらい弱体化し、日本だけが、この戦争の勝者となったのです。

　この戦争の勝敗を決めたのは、1543 年ポルトガルの商人たちによって日本にもたらされた鉄砲でした。ポルトガルの人たちは、自分たちが売りつけた銃が、日中韓の歴史を変えることになるだろうとは夢にも思わなかったのだろうと思います。彼らは、用意周到な計画を立て、日本に銃を売りつけ、さらに、火薬の原料となる硝石を日本に供給し、莫大な利益を上げました。

　1592 年 4 月（旧暦）、小西行長が釜山城を攻撃することで始まったこの戦争は、釜山からソウルまでの 325km をわずか 20 日間で走破する、超電撃戦でした。途中、戦闘をしながら、一日平均 16km を歩いたことになりますから、いかに秀吉軍が強かったのかが分かります。占領地域は、ほぼ朝鮮半島全域にかかっており、当時の戦争のやり方もあって、朝鮮は、筆舌では表せないくらい、甚大な被害に遭いました。

　当時の日本は、世界最大の銃保有国で、世界最強の軍事大国でした。

人口から見ても、朝鮮は日本の1/4くらいしかありません。1392年の開国以来、戦争というものを知らない朝鮮に、戦国時代を駆け抜けた秀吉軍に抵抗できる力などあるわけがありません。

　秀吉軍は、戦をしている間、5万人にも上る朝鮮人を捕虜にし、日本に連れて帰ります。その捕虜の多くは、学者、技術者でした。朝鮮の犠牲を度外視して言えば、統一後の平和日本に何が必要なのかを看破した秀吉の慧眼だったと言えます。一方、連れてこられた朝鮮人技術者たちの中に、生まれ故郷朝鮮の厳しい身分制度や支配階級による搾取に幻滅し、帰ることを拒む人がたくさん出てきました。文禄慶長の役の後、朝鮮の米生産量は、1/3以下にまで激減しました。

朝鮮通信使

　鎖国と言われた江戸時代、大規模の外国使節団が、度々、日本を訪れています。しかも、陸路を堂々と練り歩き、江戸城においては、将軍謁見まで許されていました。朝鮮通信使の話です。

　これは、絶対君主になった徳川家康の熟慮によるもので、1607 年に第 1 回目の来日が実現しました。1592 年始まった文禄慶長の役は、豊臣秀吉の死により、1598 年に終結しますが、随一の武将でありながら、文禄慶長の役にほぼ関わらなかった家康は、1600 年の関ケ原の戦いを経て、日本の最高権力者の座に上り詰めます。最高指導者になった彼は、内政から始め、国づくりを急ぎますが、その中の一つが、国際関係でした。朝鮮との講和や文化交流の重要性を看破していた家康は、自分が文禄慶長の役にほぼ無関係であったことと、秀吉政権を倒していることなどを挙げ、朝鮮との善隣関係の修復に尽力するのです。

　朝鮮通信使は、正使、副使、従事官の三使以下、学者、文人、書家、画家などを含む 400 名～ 500 名の大規模使節団でした。釜山から福岡に渡り、下関を出ると、軍船に先導されながら、海路で、大阪まで向かいます。また、京都から江戸までの陸路には、受け入れや警護の任に当たる各藩の藩士などが交代で随行しており、その数は、1 千人を下回ることはありませんでした。移動の途中やそれぞれの宿場において、地元の人たちと交流があったのは、言うまでもありません。朝貢ではありません。善隣対等外交でした。朝鮮国王と徳川将軍との間に

取り交わされた国書や国書に対する答礼品がそれを物語っています。

　江戸200余年間の二国間の関係は、極めて良好なものでした。世界的に見ても、隣接する2つの国が、これほどの長期間に渡って、和睦の状態にあったのは、他に例がありません。これを含め、歴史的に、朝鮮半島と概ね良好な関係にあったことを考えると、昨今の日韓関係の冷え込みは、むしろちょっとした静観期とも言えるもので、そこまで目くじらを立てて、こせこせした見方をする必要はないのではないかという気がします。朝鮮通信一行が日本橋を通り、江戸城に入る光景を描いた絵を見ると、いかに幕府が威信をかけて、朝鮮通信一行を厚遇していたのかが、よく分かります。

指導者とは

　朴正熙（パク・チョンヒ）、1961年クーデタを起こして政権を取り、1979年側近の手によって銃で暗殺されるまで、韓国の大統領だった人です。彼は、戦前は日本の陸軍士官学校を卒業し、一時北朝鮮の共産党系にも属し、その後は韓国軍の将校、将軍となり、大統領にまで上り詰めた立志伝的な人物です。彼の評価は、賛否両論、分かれます。しかし、大統領の間、韓国経済が飛躍的に成長し、最貧国から開発途上国となり、その後、先進国になる礎が築かれたことは、否めない事実です。皆の意見を聞いて、石橋を叩いて渡っていたら、果たして、短期間であれだけの成長を遂げられただろうかと思います。世の中に苦労や犠牲、汗、涙、忍耐のない、美味しい果実などあるでしょうか？

　彼のリーダーとしての魅力は、全国民が納得出来る目標、例えば、1日3食白米のご飯が食べられるようにする、教育が受けられるようにする、車に乗れるようにする、といったことを、鮮明に打ち出したところにあると言えます。言うなれば、全国民に希望と光を見せることに成功したのです。こうすればこうなる、と分かりやすい希望を見せられれば、国民は、そのための努力を惜しみません。魂のこもっていないような、抽象的は話ではありません。希望の話です。

　彼には、チャーチルのような言葉の力はありませんでしたが、推進力、行動力がありました。日本の嘲笑にも屈せず、ソウルと釜山をつなぐ高速道路を作ったことは、有名な話です。指導者は、希望を与えなけ

ればなりません。それが光となって、夜を明かし、進む道を照らして
くれるからです。

　指導者たるもの、責任と信頼は、両輪です。責任とは、100％完璧
を求めるものではありません。むしろ失敗した時の責任をどうするか
で、不信にも、信頼にもつながります。失敗した、判断を間違えたと
いう時に、その責任を自分で負おうとせずに、言葉でごまかし、屁理
屈で終始するなら、誰が信用するでしょうか。嘘をつき、それで平気
な人が、子供に嘘つくなと言えるでしょうか。非を認めない人に、義
が言えるでしょうか。良くも悪くも、指導層の挙動特性は、社会の流
れになります。それが一般国民にまで下りて来ないことを祈るのみで
す。

日本か、韓国か

　栄山江（ヨンサンガン）という川が韓国にあります。韓国西南部の光州、全羅南道を流れ、黄海に流入する河川です。このヨンサンガン中流の羅州というところから、2005年多様な形の古墳が、大量に発見されました。23体もの人骨が良好な状態で発見されたことも驚きでしたが、調査の末、非常に興味深い事実が、いくつか判明しました。

　古墳の作られた時期ですが、5〜6Cのものと推定されました。この地域であれば、百済王国の支配下の時期と考えられるため、当初、その土地と縁のある地方豪族の墓という説が有力でした。

　しかし、人骨のDNA検査をした結果、驚くべき事実が判明しました。何と、韓国人ではなく、現代日本人と遺伝的にかなり近いことが分かったのです。これは、とてもセンセーショナルな、想像だにしなかった結果でした。それが本当なら、百済王国の支配地域と考えられたヨンサンガン地域に、九州とつながりのある人たちが、一大勢力を築き、支配していたことへの裏付けとなるからです。古墳を作って埋葬するくらいですから、決して非力な集団ではありません。この調査結果は、ちょうど、ヨンサンガン流域から、それまで散見されていた前方後円墳の存在も相まって、瞬く間に、日韓の学界に大反響を呼びました。

　前方後円墳は、日本の古墳時代を象徴するもので、日本独特のものです。それが、ヨンサンガン流域の広範囲に渡って分布しており、なおかつ、そこに埋葬されていた人が、九州系の人の可能性がある、そ

れの意味するところは、あまりにも大きいものでした。

　古代には、渡来人に象徴されるように、朝鮮半島の文化が、日本より圧倒的優位に立っていたと見るのが定説です。しかし、もしも、九州勢の人たちが、百済王国の最盛期に、その中心をなす地域に一大拠点を築き、生活をしていたとなれば、朝鮮半島の優位どころか、対等、もしくは、日本の方がむしろ、半島南部の情勢に深く関与していた証拠になります。それが嫌な、韓国の学者、政治家にとっては、イライラを募らせる、とても苦々しい調査結果でした。一方、古代における日本の朝鮮半島南部支配説を唱える、一部の日本人学者、政治家にとって、この調査結果は、この上ない好都合の朗報でした。

　1991年韓国で初めて正式に前方後円墳として認定された、咸平 新徳古（ハムピョン　シンドッコ）古墳群の調査報告書が、今月の下旬、ようやく30年ぶりに発表されるそうです。2000年頃まで調査活動が続いたことも遅れた理由の一つですが、本音は、日本側の半島南部支配説に利用されることを嫌ったことにあります。これには、同地域の違う古墳の調査結果が、1994年朝日新聞に報道された時に、当時の韓国大統領府の教育文化主席補佐官が電話をかけてきて、新聞記事の通りなら、じゃ、韓国が日本の支配を受けていたことになるじゃないかと、怒ってきたことが伏線になっています。

　長々と、難しい話をして、すみません。皆さん、朝鮮半島と日本列島の地図を、きちんと見たことがあるでしょうか。福岡から釜山まで、200kmちょっとの距離です。福岡から広島までの距離とほぼ一緒で、

東京から浜松までの距離とほぼ同じです。東京から長野までより、むしろ近いのです。

　日本と韓国の話をするとき、わたしたちは、今の日本、韓国の形を思い浮かべ、玄界灘や日本海にすっと線を引きます。しかし、当たり前の話ですが、5〜6Cの頃に、そんな線があったでしょうか。当時の九州の人たちが、関西や関東のことを、同じ国の人として、喜んで迎え入れたりしたでしょうか。ヨンサンガン流域の人たちのことを、外国人と思っていたでしょうか。豊臣秀吉の全国統一さえも、日本の本土だけであって、北海道が日本になったのは1869年、小笠原諸島の日本領有が確定したのは1876年、沖縄が正式に県になったのは1879年（その前に実効支配はしていました）のことなのです。それを、今の国境概念で、朝鮮半島南部を当時の日本が支配していたとか、前方後円墳の存在を認めたら、日本に有利に働くから発表を止めろとか、古墳から出てきた人骨のDNAが、現代日本人に似ているから、そこは日本だったとか、何という幼稚な発想なのだろうと思います。

　地図を見ると分かりますが、日本は、玄界灘や日本海を挟んで、朝鮮半島と向かい合っている形状をしています。距離が近い九州が朝鮮半島と深い関係になるのは、至って自然な流れです。それを後世の人間が、勝手に解釈し、都合のいいように捻じ曲げ、くだらない民族感情を煽り立てる。自然の営みをしただけの、その時代の人たちに失礼だと思いませんか。

朝鮮半島との交流

　日本列島と朝鮮半島は、BC3C 頃になると、確実に、対馬を足掛かりに、関わりを持ち始めています。対馬は、朝鮮半島の南部、釜山近辺から、天気のいい日には肉眼で見えます。釜山から対馬の北端までは、わずか 50km 弱しかありません。成人男子であれば、手漕ぎでも、1 日あれば、着く距離です。肉眼で見えるわけですから、あそこには誰が住んでいるのだろう、何があるのだろう、行ってみようかな、もしかしたら一儲けできる何かがあるのかな、と思い立ったりする人がいたとしても、何も不思議は、ありません。希望もあったかもしれませんし、夢もあったかもしれません。純粋な冒険心の人も、あるいは、罪を犯し、追っ手から逃れようとするならず者もいたかもしれません。対馬や北部九州を始めとする、日韓の交流は、そのような形で始まったのです。

　人間や国に優劣があるでしょうか？　そういうものがあるとしたら、自分は、何番目の人間で、自分の国は、何番目の国になるのでしょうか？　それは、誰が決めるのでしょうか？　なぜ、そういう考え方を持ち、焚きつけ、助長し、それをもって、国民を引き付けようとするのでしょうか。他人を否定したら、いずれ自分も否定されます。

　人類の歴史の中で、大陸をまたがる超強大国と評された国々の共通点があります。ローマ帝国、モンゴル帝国、オスマン帝国、唐王朝などが、その超強大国に当たりますが、これらの王朝では、言葉の違い、民族

の違い、宗教の違いなどを問題視しませんでした。違っていい、異なる人種でもかまわない、みんな一緒に共存するのだ、これが超強大国の基本スタンスだったのです。

　モンゴル帝国、クビライ皇帝の財務長官は、イラン系の人で、難攻不落のコンスタンティノープルを陥落させたオスマン帝国のスルタン、メフメト2世は、トルコ語、ペルシャ語、アラビア語、ギリシャ語、スラビア語を自由に操る国際人でした。

　なぜ、違いを生理的に嫌い、なぜ異なる考え方を容認しようとしないのか、あったことはあったこととして、あることはあることとして、それでもなおかつ、包容と共存を図る、それを粘り強く実践していく、これこそがわれわれ、人間の抱くべき志なのではないでしょうか。

南北朝鮮、朝鮮半島の分断

　朝鮮半島は、今も分断されたままです。北は北朝鮮、南は韓国が統治しています。南北朝鮮は、非武装地帯というものによって隔てられています。非武装地帯とは、DMZ, Demilitarized Zone の訳語で、1953 年朝鮮戦争の終結とともに、南北朝鮮の軍事的衝突を回避するために設けられた中間地帯です。この中には、戦争のためのいかなるものも、侵入してはならない規定になっています。

　軍事的に対峙している両国の間には、軍事分界線というものがあります。それを挟み、南と北にそれぞれ 2km 下がったところに、南方限界線、北方限界線が敷かれていますが、その計 4km が非武装地帯です。

　軍事境界線も、南方限界線も、北方境界線も、地上に引かれているため、両国が DMZ 内に設置した、監視警戒のための哨所間の直線距離が、580 ｍしか離れていないところもあります。その距離では、互いが肉眼で見え、会話もある程度可能です。いつでも射撃可能な態勢の中、一触即発の緊張状態が、今もずっと続いているのです。

　軍事分界線ですが、他の名を休戦線と言います。休戦ですから、韓国と北朝鮮は、戦争を休んでいる、ということになります。その戦争とは、1950 年〜 1953 年まで続いた、朝鮮戦争のことです。1953 年 7 月 23 日休戦協定が調印されて以来、休戦線が軍事分界線となり、その際、設けられた非武装地帯が、68 年が経った今も、そのまま続いているのです。

戦争が止まった時点で、両軍が対峙している地点を、そのまま休戦線として確定したため、線は、一直線ではありません。日本で、38度線云々という言い方をすることがありますが、38度線は、緯度のことですから、真っすぐです。意味合いが全く違う別の言葉になります。

　分断は、韓国が望んでいた結果ではありません。戦争の名前は、朝鮮戦争ですが、南北朝鮮に停戦を決められる力はなく、結局は、米ソ中の思惑によって、休戦が成立しました。同じ民族どうし、なぜ戦うのかという疑問を持つ人がいますが、民主主義と共産主義、理念闘争の舞台として朝鮮半島が選ばれ、そこに住んでいる人たちが、冷戦時代の犠牲になったのです。

板門店

　1950 年 6 月 25 日始まった朝鮮戦争は、無意味な犠牲を避けたいと願う連合国側の努力により、ソ連の提案をアメリカが受け入れる形で、1951 年 7 月 10 日から、終結のために、休戦会談が持たれました。会談は、なかなか進展しませんでした。捕虜をどうするのか、軍事境界線は、どこに定めるのか、など、お互いの思惑が先鋭に対立し、なかなか合意に至らなかったからです。

　しかし、会談を重ねるにつれ、お互いに、朝鮮半島を放棄する意志が全くないことと、武力で相手を負かすことが不可能であることに気づいた両陣営は、朝鮮半島を両分することに同意し、1953 年 7 月 23 日休戦協定を発効させました。

　協定後は、休戦を監視するための中立国停戦委員会が設置され、その委員会の監視の下、何かがあった時のために、お互いのちょうど中間点に、会談場所を設けます。それが、板門店です。

　板門店のちょうど真ん中を軍事分界線が通っているので、南は、韓国領、北は、北朝鮮領となります。昔は、板門店を、北朝鮮と国連軍、両方の兵士が共同警備をしていましたが、1976 年板門店内で、国連軍所属の米軍将校が、北朝鮮兵士たちから襲撃され、切り殺される事件が起きてからは、唯一共同区域だったところも、対峙区域に変わってしまいました。今は、韓国の兵上は北の方に向かって、北朝鮮の兵士は南に向かって警戒態勢を取りながら、警備に当たっています。

板門店は、申請すれば、見学が可能です。会談場所として使われる、軍事停戦委員会の会議室に入ることも出来ます。その中に入ると、北朝鮮領内に越境が可能です。会議室の真ん中を、軍事分界線が通っているからです。

　会議室の中に入ると、北朝鮮の兵士たちが、窓の外から観光客のことをのぞきに来ます。観光客は、北朝鮮の兵士と目を合わせることも、指を差すことも、禁止されています。後に、北朝鮮側から非難されたり抗議されたりし、面倒なことになるからです。実際、板門店に行ってみると、かなりのピリピリムードになります。板門店観光、お勧めです。ぜひ行ってみて下さい。

朝鮮戦争

　1950 年 6 月 25 日中国の同意やソ連の支援を受けた北朝鮮軍が、それまでの南北朝鮮の境界線だった 38 度線を越えて、韓国に侵略をしたことで始まった戦争です。最初は、南北朝鮮どうしの戦いのはずでしたが、アメリカを主軸とする国連軍が参戦、中国も地上軍を送り込んだことで、国際戦の様相となりました。戦争は、1953 年 7 月 27 日の休戦協定が調印され、休戦に入り、今もその状態が続いています。

　この戦争は、米ソ東西冷戦の申し子でした。当時ソ連は、世界史上初めて専制王朝を倒し、社会主義革命を成功させ、ナチスドイツとの戦いでも勝利したため、国際社会に向けて、かなりの自信をつけていました。彼らは、全世界を共産主義にする野望の下、まず陸続きの位置にあり、アジア太平洋地域進出の橋頭堡となる北朝鮮に狙いを定め、その政権を強力に後押しします。その先鋒役を担った金日成が、朝鮮半島の共産革命の旗揚げをし、起こしたのが朝鮮戦争でした。

　もちろん、戦争のニュースは、日本のマスコミにも大々的に報道されます。朝日新聞の 1 面を見ると、「北鮮、韓国に宣戦布告、京城に危機迫る」というタイトルの下、1 面全面を戦争関連記事に充てています。

　第 2 次世界大戦が終わってわずか 5 年後のことです。すぐさまアメリカは安保理を招集し、国連軍を派遣することを決めます。戦闘機や最新式の戦車を始め、武器、弾薬、物資を北朝鮮に提供していたソ連は、この時に安保理を欠席しています。この時の常任理事国は、アメリカ、

イギリス、フランス、中華民国（台湾）、ソ連だったため、決議は、ソ連抜きの満場一致となりました。

　当時、日本がまだGHQの傘下にあったことを思い起こして下さい。日本に駐屯している米軍部隊が朝鮮半島に派兵されれば、その部隊で働いていた日本人軍属も一定数、それに関わることになります。日本は、朝鮮戦争に加担した事実はないと、長い間、否定してきましたが、それはウソでした。

　国連軍は、イギリス、フランス、オランダ、ベルギー、カナダ、トルコ、エチオピア、タイ、フィリピン、コロンビア、ギリシャ、オーストラリア、ニュージーランド、南アフリカ、ルクセンブルクの16カ国で結成されました。

　軍属の話をしましたが、それ以外にも、米軍の要請により、機雷除去のために、掃海艇が動員されたり、兵士、武器、弾薬、物資を運ぶための輸送船団に多くの船員が駆り出されたりしました。

　軍属の中には、戦闘に巻き込まれ、戦いに参加した人もいます。戦死した人もいました。二度と戦争をしてはいけないはずの日本人が、朝鮮戦争の戦場に現れたということで、ソ連や中国は、安保理席上で、厳しくその事実を追及しました。

　最終的に、北朝鮮の民間人250人、韓国の民間人150万を含む死者の数、延べ500万以上、南北にばらばらになった、離散家族の数が、1000万人以上、とんでもない惨劇を生んだまま、終結しました。

　6月25日に始まった戦争は、わずか3日でソウルが陥落、8月になると、大邱（韓国南東部の大都市）と釜山一帯を除き、韓国全土が、

北朝鮮の占領下に落ちます。

　当時まだ日本にいて、連合国軍最高司令官（SCAP）の任に当たっていたマッカーサーは、朝鮮戦争の国連軍総司令官にも就きます。彼は、第2次世界大戦時のノルマンディー上陸作戦をほうふつさせる、仁川上陸作戦を敢行、窮地に陥っていた戦況を一気に逆転させます。朝鮮半島の右端の狭いところに国連軍含め、全軍追いやられ、もう一歩で壊滅というところに、9月15日ソウルの西、今の仁川空港あたりに、大規模な上陸作戦を敢行し、形勢逆転に成功したのです。

　戦況は、激変しました。背後を突かれた北朝鮮軍は、挟み撃ちに遭い、補給路を切られ、袋のネズミ状態となり、壊滅し、逃走を始めました。9月28日には、ソウルが奪還されました。開戦わずか3日で奪われたソウルを、またわずか3カ月後に、奪い返したのです。

　韓国軍は、統一の絶好のチャンスと見て、北進を続けます。しかし、それは、単純に軍事的なことではなく、高度な政治的判断を要する、かなり複雑な事案でした。というのも、そもそもの国連の軍事的な目標は、韓国国内の北朝鮮軍を退き、戦争以前の状態に戻させる、北朝鮮による国際秩序の破壊を、国連の力をもって撃退し、元の秩序を回復する、ところにあったからです。38度線以北に、北朝鮮軍を撃退したら、国連軍が結成された目的は、達成されたはずでした。

　しかし、アメリカは、当初の戦前の秩序回復という戦略目標から、朝鮮半島の統一に、舵を切ります。アメリカにしてみれば、国連軍が動員され、実質、自分たちの配下にあり、極東アジアにおいて、東西冷戦における画期的な優位を占めるチャンスが転がり込んできた今、

そんな絶好のチャンスを、みすみす逃す手は、全くなかったのです。

　思惑は違えど、是が非でも38度線を突破し、北進を続け、念願の南北統一を成し遂げたいと願う韓国政府にとって、そういうアメリカの戦略変更は、願ったりかなったり、渡りに船、これ幸いでした。

　韓国軍が、38度線に到達したのは、9月30日のことです。国連軍司令官から、上手く、越境の許可を取り付けた韓国軍は、10月1日38度線を突破し、北朝鮮軍に一気に攻勢をかけます。10月1日は、1991年以前は、国指定の休日、韓国国軍の日でした。その後を継いで、国連軍が38度線を突破し、北進を開始したのは、10月7日、国連の決議変更、「朝鮮半島を統一する」を受けてからでした。

　これは、実は、大変厄介な決定でした。というのも、そのまま北進を続け、北端に達したら、そこは、中国、ソ連だったからです。当時、中国は、国連の加盟国ではありません。台湾が、常任理事国でした。ですから、中国は、国連とは無縁で、話し合いの舞台にも上りません。そういう中国がどう出るか、また、北朝鮮をそそのかしているソ連がどう出るか、判断が極めて難しいところでした。

　案の定、中国は、最初しぶしぶでしたが、スターリンの説得に応じ、10月2日参戦を決定、国連軍が38度線を突破した直後から行動を開始し、10月15日からは、中朝国境の鴨緑江を渡り、朝鮮半島に進入します。総勢30万名の中国軍は、日本海側の山岳地帯と、西側の平野部、二手に分かれ、全戦線にかけて、一斉に奇襲攻撃に出ました。

　伏線は、ありました。中国政権は、仁川上陸作戦直後から、国連軍が38度線を突破したら、容認しないと、何度も警告していたのです。

しかし、マッカーサーを始めとするアメリカ首脳部は、それを一蹴し、あまり重く受け止めませんでした。特にマッカーサーの根拠のない誤断は、多くの米軍や韓国軍の命を奪うこととなりました。

　中国軍との交戦が初めて確認されたのは、10月25日のことです。突然現れた、とんでもない数の中国軍相手に、国連軍は、成すすべもなく、退却を余儀なくされました。

　その中でも、北朝鮮の北東部、日本海側の港、興南港で行われた12月15日から12月24日までの興南撤収作戦は、3倍以上の敵に包囲されながらも、韓国やアメリカ軍10万名、車両17,000台、避難民10万名、軍需物資35万tを無事に脱出させる、戦史に残る劇的な作戦でした。これは、クリスマスの奇跡と言われ、厳しい戦況を戦う国連軍に、大きな勇気と希望を与えました。

　12月6日には、平壌が落ちます。あっという間に戦線を押し下げられた韓国、アメリカ軍は、退却を続け、12月下旬には、38度線を突破され、1951年1月4日は、またソウルを占領されます。

　さらなる惨劇は、この時に、始まりました。北朝鮮軍の占領下、過酷な思想的弾圧、無差別虐殺に遭った人たちが、韓国軍、アメリカ軍の撤収に伴い、その後を追いかけて、大避難を始めたのです。

　真冬です。特に1950年の冬は、血も凍り、肌が露出すれば即凍傷、高地に登れば、凍死者が続出する、厳しい寒さでした。その厳冬の大地を、わずかな服や食べ物を持ち、数百キロを、南に向かって歩くのです。韓国軍からも、アメリカ軍からも守ってもらえませんでした。避難民の中に隠れ、攻撃をしかける中国軍、北朝鮮軍が後を絶たなかっ

たからです。時には、爆撃で、壊れた橋に阻まれ、そのまま命を落とすこともありました。文字通り、朝鮮半島は、阿鼻叫喚、生き地獄と化していったのです。

再び、戦線を押し上げ、三度ソウルを奪還し、そこから更に北上を試みるも、必死に阻止する中国軍の抵抗に遭い、なかなか進みません。結局、戦線は固着し、1mmを争う持久消耗戦になりました。1951年の6月のことです。戦争勃発後、1年が経っていました。休戦会談は、ちょうどこの時期に、始まったのです。

中国軍は、結局、延べ240万名の兵士を動員しています。北朝鮮が何をしても、決して中国が北朝鮮を諦めない理由は、ここにあります。彼らは、朝鮮戦争で、最強のアメリカ軍に勝ったと言っています。アメリカを朝鮮半島から追い出し、北朝鮮を救ったと言っているのです。

地球上で、同じ民族どうし、分断されたまま、別々の政治体制の下、対立を続けている国は、もはや韓国と北朝鮮しかありません。戦争を起こす時も、止める時も、自分の意志で何一つ出来なかった朝鮮半島の悲劇は、今も現在形です。

韓国の軍隊

　国防の義務は、教育の義務、勤労の義務、納税の義務と共に、韓国国民の4大義務です。ジェジュンも、イ・ジュンギも、ソン・ジュンギも、BTSも、例外ではありません。

　例外はないので、ユ・スンジュンのように、二重国籍を持ち、兵役逃れをしたりすると、大変なことになります。彼は、アメリカと韓国の二重国籍を持っていましたが、いざ入隊となった時に、前言撤回で、アメリカ国籍を選び、兵役を逃れました。ならば、アメリカ人なのだから、アメリカに帰れということになり、国外追放され、二度と韓国に入国出来ない身となりました。何度も裁判を起こしていますが、断固彼の入国は、認められません。

　韓国国籍であっても、外国に居住し、永住権を持っている場合は、軍隊に行かなくてもいいです。ですから、日本に住んでいる在日の若者は、自分で希望し、入隊しない限り、軍隊に連れていかれる心配はありません。しかし、最近は、韓国での軍の体験が、滞在している国で、有利に働くことがあるので、海外から、志願して入隊するケースが増えています。

　満18歳で徴兵検査対象者となり、満19歳までに検査を受け、兵役の判定を受けた後、基本的に30歳の誕生日を迎える前までに、入隊します。検査そのものは、普通の健康検診とあまり変わりません。

　韓国軍の中心は、やはり陸軍です。現在55万くらいの兵力を保有

しています。陸軍に入れば、体験者は皆、一度は語りたがる、遊撃訓練というものが待っています。

　遊撃訓練とは、実際の戦闘を想定し、ありとあらゆる地形の中でどう動き、どう戦うかを体で習得させるもので、体力の限界を、何度も超えさせられる、大変厳しい訓練です。遊撃訓練の時期になると、皆口数が少なくなるくらい、嫌がります。

　催涙弾などのガス実体験訓練もやります。二度と体験したくないと皆、口を揃えて言います。小さな建物の中に、最初は防毒マスクを着用して入ります。一通り教官からの説明が終わると、ガス弾が炊かれ、防毒マスクを外されます。最初は息をするのを我慢しますが、そのうち、ガスが容赦なく喉、目、鼻から入ってきます。たちまち、呼吸困難状態に陥ります。それでも、軍歌を歌わされたり、筋トレのような体操をやらされたりし、更に、ガスを大量に吸わされます。

　やっと解放され、外に出ても、喉、目はちくちく痛い、目や鼻から大量に涙と鼻水がだらだら、手でこすったりすると、更に痛くなるので、洗面所に駆け込んで、しばらく洗い流します。この時ばかりは、どんなイケメンでも、どんな絶世美女でも、見るに堪えない顔となります。

　陸軍の花、歩兵は、歩くのが仕事ですから、よく歩かされます。行軍と言いますが、戦時と同じ完全武装の上（30kgくらいあります）、長距離を歩かされる訓練を、年数回実施します。女軍も例外ではありません。

　普段は、そこまで歩かないので、靴擦れが酷くなり、血が滲み出たり、まめが何回もつぶれ、血が出たりします。休憩で、軍靴を脱ぐ度

に、激痛が走りますが、それでも、目的地まで歩かなければなりません。途中で落伍することは、許されません。中でも、爆撃砲担当や機関銃担当の人は死にそうになります。ただでさえきついのに、数倍、重たいものを背負って歩かなければならないからです。夜通し歩かされることもあります。

　軍隊では、おやつもくれます。乾パンや金平糖が支給されますが、それでは物足りず、皆、売店でチョコパイやラーメンを買って食べます。間食したことが一度もない人であっても、軍隊に入って、チョコパイやお菓子を貪るようになったという話は、軍隊あるあるです。

　彼氏を軍隊に送った女性に、「ゴム靴を逆さまに履く」という言い方をすることがあります。ゴム靴は、韓服を着る時に履く、ゴム製の可愛い靴のことですが、それを逆さまに履くわけですから、つまりは、そっぽを向く、彼氏に別れを告げる、という意味になります。

　恋人が軍隊に行って、除隊までの間に、別れる確率は、かなり高いです。一番の理由は、やはり不信感です。ゴム靴を逆さまに履く女性の割合は、実際には、15％くらいしかいません。しかし、軍隊に閉じ込められている男性は、やはり、あらぬ想像をしたり、余計なことを考えたりします。結果、彼女に過大な要求をしたり、子供じみた行動をしたりし、彼女を失望させていくのです。

　軍隊は、言ってみれば、男の真骨頂を試される、試金石のような働きもするのです。

韓国、日本からの独立、それから分断

　1910年強制合併により日本領になっていた朝鮮半島の運命が大きく変わったのは、1943年エジプトのカイロで開かれた連合国首脳会談の時でした。中華民国総統の蒋介石の提案によって、初めて朝鮮の独立が国際会議での案件になったのです。

　カイロ会談は、主にアジア地域における太平洋戦争の戦後構想を話し合うものでした。1943年11月といえば、1939年ナチスドイツのポーランド侵攻により始まった第2次世界大戦も、同年2月日本軍のガダルカナル撤退、8月連合軍によるベルリン爆撃開始、9月イタリア降伏などが続き、終息の兆しが見えてきていた頃でした。

　そのカイロ会談から1週間後、今度は、テヘラン会談が開かれ、ここでも朝鮮独立の方針が了承されます。アメリカのルーズベルト大統領、イギリスのチャーチル首相の他に、テヘラン会談の出席メンバーが蒋介石からスターリンに変わったのは、テヘラン会談の議題内容が、主にヨーロッパ地域における戦後構想を話し合うものだったからです。朝鮮半島は、中ソ両国と国境を面しているため、両首脳の了承を得る必要がありました。

　それから、しばらく時間が経ち、ドイツの敗北がほぼ濃厚となった1945年2月、戦後構想をより具体的に話し合うために、米英ソ3か国の首脳がソ連のクリミア半島のヤルタ近郊に集まります。ここでも、引き続き、朝鮮の独立は保障され、その条件として、米英中ソの4か

国が信託統治を行うことが決定されました。

　続いて、同年7月には、占領地ドイツのポツダムにて、ポツダム宣言が行われます。ポツダム宣言といえば、米英中首脳の名前で出された日本への無条件降伏通告が有名ですが、この会談でも朝鮮は、ヤルタ会談の決定を引き継いだ形で、信託統治という条件つきの独立が認められます。

　ところで、カイロ会談からポツダム会談に至るまでの経緯を見ると、大韓帝国（日韓合併条約の当事者）の亡命政府がどこかにあって、そこからの働きかけが実を結んで、独立が認められたなどの記録は、どこからも見当たりません。ただ、蒋介石（一部亡命朝鮮人と関りを持っていた）の強い口入れにより、事が運ばれていることが分かります。悲しいことに、この当時の朝鮮は、自分たちの独立に対し、何も出来ない、無力な立場に置かれていたのです。

　ポツダム宣言直後、ヤルタ会談での合意にしたがい、太平洋戦争に参戦したソ連は、満州国や朝鮮半島北部への侵攻を開始し、わずか1週間足らずで、朝鮮半島北部の主要都市を掌握、8月末には北部全域を占領します。

　ちょうど、この時期、米ソ両国は、大戦後の共産主義vs民主主義の主導権争いをめぐり、徐々にその野心を放ち始めていました。その共産主義vs民主主義の最前線となったのが、朝鮮半島でした。

　日本が降伏したというのに、まだ主力部隊を遠く離れたフィリピンや沖縄においていた米軍は、朝鮮半島北部をほぼ手中に収めつつあるソ連に、焦りを感じていました。そこで出てきたのが、北緯38度線

を境界線にする分割統治案でした。ソ連が、すんなりその案を受け入れると思わなかったアメリカ側は、受け入れ受諾に大喜びし、その案を実行に移します。沖縄にいた米軍の第1陣が朝鮮半島に上陸したのは、終戦して3週間以上経った9月8日のことです。

　日本の強制支配が終わり、自分たちの国を取り戻せると思った朝鮮人たちは、がっかりします。アメリカやソ連が、ポツダム宣言に基づき、信託統治を行うことを前提に、朝鮮の自治権を認めなかったからです。信託統治は、朝鮮人の猛烈な反対に遭い、結局、取り消されます。

　その結果、まず、韓国単独で選挙が行われ、1948年韓国政府が樹立され、それに対抗し、北朝鮮政権が誕生したのです。

　なぜ、そういう形になったかですが、ソ連の命令を受ける北朝鮮と、アメリカの影響を強く受ける韓国との間には、もはや、一方の力では、どうにもならない、対話ではとても埋められない、深い溝が出来ていました。

　36年間の強制支配にさいなまれた上、今度は、冷戦という大きな津波を被ることになった朝鮮半島は、ただ単に、それに流されるしか、他に選択肢がありませんでした。非力な、己の運命を自分の力で解決できない、弱い者の宿命だったのかもしれません。

なぜ、韓国語の勉強をするの？

　なぜ、韓国語なんかを勉強するのって、聞かれたこと、ありませんか。時代云々ではなく、そういうことを他人に言う人って、人間的にどうなのかなと思います。そういうあなたは、自分が何か、新しいことを始めようとした時に、他人に、あなたは、なぜよりにもよって、そういうことを始めようとするのって、言われたら、どんな気持ちになるのでしょうか。

　韓国語だからだろうって、反論するかもしれません。いいえ、違います。そういうあなたは、新しいことをやることに対し、自分の思いや考えに反することに対し、自分と違うことをやる人に対し、いつも、そのような態度を取っている可能性があります。

　私は、自分が韓国語教育に携わっているからではなく、長らく大学の教壇で、その科目を教えているからでもなく、新しいことへのチャレンジとして、韓国語の勉強を始める皆様に、敬意を表します。

　学生を指導していて、その人が興味を持っていることを伸ばしてあげるのは、教員としての当然の責務です。私が学生に提供できるのは、韓国語、国際理解、日韓の交流史、日韓の相互理解なので、それを最大限提供し、それで、学生たちに行動変容が起きることを願い、いつも試行錯誤しています。韓国贔屓の軍団を育てているのではありません。行動変容、つまり、その人に、それからの新しい生き方への足掛かり、きっかけ作り、やっていける自信と勇気、そういったものを引

き出すツールとして、韓国語というものを提供し、その道を模索させ、考えさせているのです。

　今まで、多くの学生を韓国の大学に、進学させてきました。進学と言うより、途中編入ですが、幸いなことに、皆卒業し、日本に帰ってきたり、現地に残って就職したりし、それなりに、毎日を堪能しています。

　皆さんが、どういう目的で韓国語の勉強を始めようが、それは、尊い選択です。それで、あなたは、変われるからです。日々の生活が変わり、考え方が変わり、高校生であれば、未来が変わり、大学生であれば、視野が広がり、主婦であれば、余裕が出てき、社会人であれば、新たな武器が備わります。韓国語は、皆様のこれからを、全く新しいものに変えさせる、一つのツールなのです。

●著者紹介

イム・ジョンデ

韓国名イムジョンデ(林鍾大)韓国大田生まれ。韓国教育財団諮問委員。韓国外国語大学日本語科卒業。同大学院卒業後、ソウルの桓一高校で日本語教師を勤める。1997年上智大学大学院文学研究科国文学専攻博士後期課程満期退学。清泉女子大学非常勤講師、東海大学福岡短期大学国際文化学科主任教授、観光文化研究所所長などを経て、現在は東海大学教育開発研究センター教授。『完全マスターハングル文法』『完全マスターハングル会話』『完全マスターハングル単語』『中上級ハングル文法活用辞典』『日本語表現文型』など多数の著書がある。韓国語教育、韓国の文化と社会、国際理解、国際交流などを研究テーマにしている。現在の名は、林大仁(はやしひろひと)。

●校閲　　　　　　アル
●カバーデザイン　清水裕久（Pesco Paint）
●音声収録　　　　爽美録音
●ナレーション　　イム・ジョンデほか

ゼロからスタート
かんこくごのうりょくしけんトピック
韓国語能力試験TOPIK I テキスト

| 発行日 | 2021年 10月10日 | 第1版第1刷 |
| | 2024年 5月14日 | 第1版第3刷 |

著　者　イム・ジョンデ

発行者　斉藤　和邦
発行所　株式会社　秀和システム
　　　　〒135-0016
　　　　東京都江東区東陽2-4-2　新宮ビル2階
　　　　Tel 03-6264-3105（販売）　Fax 03-6264-3094
印刷所　三松堂印刷株式会社

©2021 Jongde Yim　　　　　　　　　　Printed in Japan

ISBN978-4-7980-6584-7 C0087